中國倫理思想研究文叢

三 編

王 澤 應 主編

第 1 冊

倫理與傳統倫理論集（上）

蕭 群 忠 著

花木蘭文化出版社

國家圖書館出版品預行編目資料

倫理與傳統倫理論集（上）／蕭群忠 著 -- 初版 -- 新北市：花木蘭文化出版社，2015〔民 104〕

序 6+ 目 2+150 面；19×26 公分

（中國倫理思想研究文叢 三編；第 1 冊）

ISBN 978-986-404-230-2（精裝）

1. 倫理學　2. 道德

190.9208　　　　　　　　　　　　　　104012126

ISBN- 978-986-404-230-2

9 789864 042302

中國倫理思想研究文叢

三 編 第 一 冊　　　　　　ISBN：978-986-404-230-2

倫理與傳統倫理論集（上）

作　　　者　蕭群忠

主　　　編　王澤應

總 編 輯　杜潔祥

副總編輯　楊嘉樂

編　　　輯　許郁翎

出　　　版　花木蘭文化出版社

負 責 人　高小娟

聯絡地址　新北市中和區中安街七二號十三樓

　　　　　　電話：02-2923-1455 ／傳眞：02-2923-1452

網　　　址　http://www.huamulan.tw 信箱 hml810518@gmail.com

印　　　刷　普羅文化出版廣告事業

初　　　版　2015 年 9 月

全書字數　261117 字

定　　　價　三編 12 冊（精裝）新台幣 22,000 元

倫理與傳統倫理論集（上）

蕭群忠　著

作者簡介

蕭群忠，1960 年 3 月生，陝西省彬縣人，哲學博士，中國人民大學哲學院教授、博士生導師，倫理學與道德建設研究中心副主任。「全國優秀博士學位論文獎」獲得者（2002）。「教育部新世紀優秀人才培養計劃」入選者（2005）。中國人民大學「十大教學標兵」稱號（2009）獲得者。曾發表學術論文 200 餘篇，出版學術著作 10 餘部。代表作爲：《孝與中國文化》，（2001 年，人民出版社）；《中國道德智慧十五講》（2008 年，北京大學出版社）。

提　要

　　本書選集了作者 2007 至 2014 年間關於中國倫理思想研究的部分論文。作者認爲：倫理學基本問題是道德義利群己之辨，並提出了「常人道德」的新概念，對「社會公德」理論進行了新釐清。探討了「智慧、道德與哲學」的關係，探討了日本自明治以來的社會公德建設和韓國的弘孝立法實踐。全面總結回顧了中國倫理研究的現狀並對未來進行了展望。探討了「儒家』仁義內外之辨』的現代倫理意義」，「儒者的安身立命之道」「儒家德性傳統與現代公共道德的殊異與融合」「『國粹』與『國魂』弘揚中華倫理價值與重塑民族精神」，「禮義之邦的禮義精神重建」等問題。探討了「仁義信和民本大同——中華核心價值新六德論」，對「傳統道德與現代幸福生活」的關係也進行了分析論述。在個案研究方面，關於中華傳統的首德孝道，探討了「把根留住：孝與中國文化」「孝與廉」「傳統孝道的傳承、弘揚與超越」「孝道的生命崇拜與儒家的養生之道」「孝道養老的文化效力分析」還分析了「先秦氣節觀及其現代意義」「傳統『義德』」「傳統師德及其現代價值」「中國古代鄰里關係及其道德調節傳統」。分析解讀了《老子》的修身思想，研究分析了船山倫理思想、當代思想家李澤厚的道德觀。

自序：鑄民族文化倫理之魂

　　《倫理與傳統倫理論集》是本人 2007 至 2014 這八年來公開發表相關主題論文的一個選集，能由臺灣花木蘭文化出版社出版，本人深感欣慰。在此之前，本人曾有兩個論文集，即《道德與人性》（鄭州，河南人民出版社 2003年版），《倫理與傳統》（北京，人民出版社 2006 年版），前一本選集了我自 1982 年至 2002 這二十年發表的部分論文，後一本則選集了我任中國人民大學哲學院教職以來四年間（2002～2006）發表的論文，這次本書集的出版，則使我目前發表的論文成果得到了較為系統的集彙。

　　自 1982 年公開發表第一篇學術論文到現在，從事學術思考與研究已經 30多年了，從事教職也已經過了三十年了。這期間曾經出版學術、注評、編著十餘部，發表學術論文 200 餘篇。在我看來，學術表達，重大題材需要以專著形式表現，但論文也是學術表達的重要形式。我常以為，論文能夠結集出版，往往是學術上的大家，到了學術總結階段，才可以出論文選集或全集，在人們看來，這種選集往往是字字珠機，篇篇經典才能出，因此，本人的粗淺文字能夠結集全依賴命運機緣垂青，因此，前兩個集子雖實為文集，卻不敢以文集自命，而是以一種專題編為一系統性論著形式。這次結集書名，終於敢名為「論集」，但還是要有一個主題，就是我上述想法的一種體現。

　　此次拙文能結集出版，全仰仗花木蘭文化出版社的厚愛與「中國倫理思想研究論叢」叢書主編王兄澤應教授的抬舉。收閱花木蘭文化出版社近期新書的宣傳活頁，看到其中有澤應教授主編的這套書，而且自己的博士畢業生歐陽輝純的博士論文《傳統忠德研究》也在該叢書中出版，這促使我也產生了把自己近年來論文結集交付出版的想法，遂給澤應兄奉書聯繫，得到了澤

應兄的擡舉支持。從 1984 年成都開會認識，我和澤應兄認識相交也已經整整 30 年了，他與我專業完全相同，回想 1986 年，由中國社會科學院哲學所、中華書局、光明日報等八家重要單位聯合舉辦的「全國中青年哲學工作者最新成果交流會」在黃山舉行，應徵論文 2000 餘篇，入選論文只有 180 篇，倫理學界入選論文只有 5、6 篇，其中就有澤應兄和我，澤應兄才高八斗、意氣風發，我深爲佩服。尤其是我們倆在治學上都堅持史論結合方法，即重視倫理學理論修養，又重視中國傳統倫理的材料考據功夫，在對待史論，考據與義理關係問題上，我們的治學方法與風格有深契之處，因此，交流起學術問題來，一拍即合，使人心生欣喜，有同志之樂。他作爲大陸研究中國倫理思想之著名學者擔任這一叢書主編乃最恰當之人選。拙文能經他擡舉結集，也是緣份和樂事呀！

　　拙文結集《倫理與傳統倫理論集》也確實符合全書內容和我長期以來的研究方向。我的學術研究三十年來，其基本方向和研究領域、研究方法，都一直沒變過，這就是倫理學理論和中國傳統倫理或者說是中國倫理思想史。以論馭史，以史佐論，史論結合，這是我的基本方法。因此，選入近八年公開發表的三十餘篇論文，其內容大致可分爲三個方面，倫理學理論；中國傳統倫理的總體性研究；中國傳統倫理的問題個案與人物、文本個案研究。入選「中國倫理思想研究論叢」叢書，倫理學原理的問題入編，似乎有點不妥，但在我看來，要研究清楚中國倫理思想，離開了倫理學原理的支持，可能就會缺乏分析的理論基礎，如上所述，史論結合方法也是我長期堅持的，因此，也就釋然了！

　　以「倫理學基本問題新論」爲首篇，這不僅在於它是倫理學基本問題，是指導我思考的一個基本前提，而且從原文發表時間來看，也是 2007 年，實現了歷史與邏輯的統一。別的倫理問題，我提出了「常人道德」的新概念，對「社會公德」理論也進行了一些新釐清。另外，還從更爲廣闊的視野，探討了「智慧、道德與哲學」的關係，該文在《北京大學學報》發表後被《中國教育報》理論部主任在第一時間看中，約我以此文爲基礎，在其「理論周刊」版的「大眾學堂」欄目中連載了四期，因此，這兩文在某些內容上似乎有些重複，但實際上爲報紙寫短文，實際上是一次再創作，而且內容也有很大不同，因此，這次編選集時，就將兩文同時選入。「道德危機的拯救與文明大國的崛起」則是對 2011 年全民道德憂慮的一種回應和思考，「論律己」則是

對儒家重視修身傳統的現代詮釋。要研究清楚中國倫理問題，必然要以儒學圈的他國作爲借鑒，因此，還有兩篇文章探討了日本自明治以來的社會公德建設和韓國的弘孝立法實踐。

「中國倫理研究的回顧與展望」是一篇綜述性文獻，不屬嚴格意義上的學術論文，之所以集於此，是因爲相信它有助於臺灣學界瞭解大陸學界中國倫理研究的總體情況，而且這篇信息文章也曾在臺灣輔仁大學《哲學與文化》刊載過。「儒家「仁義內外之辨」的現代倫理意義」，孟子與告子的仁義內外之辨不僅是儒學史上重要的問題，更重要的是我們要研究仁內義外這兩種儒家道德精神實質對現代倫理建設的意義。「儒者的安身立命之道」則揭示了儒家倫理作爲一種宗教信仰倫理的內聖精神，這不僅是本人知命之年的一篇學術論文，更表達了自己的生命體驗。「修身倫理與治平倫理的合與分——對中國傳統道德的新的視角分析」一文則是以西方倫理學近幾十年來的規範倫理學與美德倫理學的理論與分析範式對儒家倫理學的一種分析解析。「儒家德性傳統與現代公共道德的殊異與融合」一文，實際上是對傳統儒家倫理與近現代西方倫理的一種現代分析，「『國粹』與『國魂』—弘揚中華倫理價值與重塑民族精神」一文則是有感於西方倫理對儒家倫理的衝擊，而對中華倫理精神的一種堅守。「禮義之邦的禮義精神重建」，則是基於現實禮治秩序與禮儀文明逐漸凋落的現實，而發出的吶喊與關懷。自認爲這幾篇文章都是對儒家倫理最重要的內在精神特質的總體性分析，

「仁義信和民本大同中華核心價值新六德論」一文則是對習近平主席提出的「深入挖掘和闡發中華優秀傳統文化講仁愛、重民本、守誠信、崇正義、尚和合、求大同的時代價值，使中華優秀傳統文化成爲涵養社會主義核心價值觀的重要源泉」的重要論述的一個解讀。回想儒學近百年來的命運，經過五四運動和新文化運動的批判，在大陸，很長時間對傳統文化與傳統道德都持一種否定和批判的態度，在近一年多來，習近平分別在曲阜、政治局學習、北大五四青年節、國際儒聯大會上就儒學與傳統文化與傳統倫理發表了四次重要講話，從政治環境看，現在是大陸地區弘揚儒學與傳統美德的最好時期。最後以「傳統道德與現代幸福生活」結束這一邏輯板塊。

可能會有喜歡做個案小問題研究的學者或讀者會覺得，上述文章似乎都是較爲宏大的空疏論文，但這可能就是我的學術研究特點，個案小問題的精深研究固然可貴，但在我看來，宏觀義理的研究也不可缺少，且有重要價值。

　　當然，我的學術研究，微觀個案研究也不是完全沒有，收在本集中第三單元的下述論文都屬於問題、人物、文本個案。我長期研究孝道，博士論文《中國孝文化研究》一書曾受臺灣陸委會大陸學人專項資金資助，得以在臺灣五南圖書出版公司出版。我的孝道研究備受學界重視，因此，仍然不免常有約稿之事，這推動我不斷研究而不是簡單重複舊有成果，因此還常有關於孝道研究的新論文發表，本集選了在這八年裏發表的五篇孝道研究論文：「把根留住：孝與中國文化」「孝與廉」「傳統孝道的傳承、弘揚與超越」「孝道的生命崇拜與儒家的養生之道」「孝道養老的文化效力分析」，這些文章應該說還有其新的問題角度和論證。另外，如下四篇文章可以說是研究傳統倫理的問題專題的：「先秦氣節觀及其現代意義」「傳統『義德』析論」「傳統師德及其現代價值」「論中國古代鄰里關係及其道德調節傳統」。最後，還有三篇文章，一篇是從修身思想的角度解讀《老子》文本的，另外還有兩篇是專門研究船山倫理思想的，這兩篇文章是在不同時期受王兄澤應教授之約而寫的，王兄湖南衡陽人也，與船山為老鄉，也是當代研究船山倫理思想的著名學者，近年來，又擔任《船山學刊》主編一職，受兄之命，常覺得盛情難卻，由於自己對船山思想並無精深研究，但又難負盛情，撰出兩篇粗疏論文覆命，卻常受王兄鼓勵，將此兩文集於此，也算是對我們兄弟之間學術情誼的一種紀念。本書集的最後一篇論文是「李澤厚道德觀述論」，關於這一篇是否應上，我是很猶豫的，因為常常說起「中國倫理思想」時往往說的是中國倫理思想史或傳統倫理思想，而李澤厚是一位當代學者，目前還健在。況且寫其道德觀，似乎也是理論而非史學思想了，當然李先生對中國思想史的研究有其著名的古代、近代、現代三個集子。但最終還是上了，一方面，自己認為李先生是大陸地區影響深巨且在學術史上能留下歷史地位的著名學者，其倫理思想或道德觀也可以說是獨樹一幟的，而且，自認為這篇文章還是下了些功夫的，因此，就猶豫再三還是上了，從論開始又以一篇史論結合的當代人物個案作為本書集的結束。

　　時光如逝，一晃又是八年過去了，生有涯，學無涯，人已過知命，而處於知命與耳順之間，能有機會將這八年的文字結集，是對自己這八年來學術生命的一種總結，因此，不勝感慨與感恩，感謝澤應兄，感謝花木蘭文化出版社。

　　花木蘭文化出版社委託澤應兄編輯「中國倫理思想研究文叢」叢書，旨

在推廣大陸學人關於中國倫理思想的研究成果，這一舉措在我看來，意義重大。兩岸政治上分治的現實割不斷兩岸同種同文的文化血脈，傳統倫理是中華文化的核心與靈魂，這是為兩岸中國人所共同尊奉的文化傳統。在臺灣，中華文化傳統一直不曾斷裂過，在大陸地區，在相當長時期，是否定傳統文化和傳統道德的，在大陸大搞所謂的「文化大革命」和批林批孔運動時，臺灣卻在搞「中華文化復興運動」，甚至陳立夫先生還曾在上世紀九十年代提出「用中華文化統一兩岸」的呼籲，當他向大陸學者談及「四維八德」時，大陸的某些學者竟然說，陳先生，您為什麼概括的如此好呀？由於兩岸的隔膜，竟然連大陸學者也在當時條件下，不瞭解孫中山先生的新八德和管子的「四維」合起來就是「四維八德」了。令人可喜的看到，在這三十多年來，兩岸學術界的交流還是日漸多起來了。比如，本人就曾在臺灣出書，也曾在《孔孟月刊》、《文化與哲學》上數次發表論文。各種學術都可交流，中國思想史、儒學或國學、傳統倫理方面的交流可以說就更少障礙，因為這是我們共同的文化命脈。臺灣學者的成果、著作也大量在大陸出版，還有很多臺灣學者尤其是傳統文化領域的學者也常常活躍於大陸。由於大陸地區長期以來對儒學與傳統文化的否定，因此，在很長時間，關於傳統文化與傳統道德的研究可能是落後於臺灣的，比如，第二期新儒家學者基本上都是居於臺灣香港的學者。三十多年過去了，大陸新一代學者也經過較為系統的學術訓練，因此，兩岸也具有了平等對話的條件了。推介大陸學者的研究成果，是兩岸學術文化的一項盛舉。

傳統文化與傳統道德，目前在大陸地區，得到了高度重視，習近平在曲阜提出：「國無德不興，人無德不立」，不僅官方重視，民間弘揚傳統美德的熱情也很高漲。大家都認識到，中華民族的偉大復興不僅需要經濟、科技、軍事等硬實力，而且需要道德與文化的軟實力，只有如此，中華民族和中國人，才會受到世界各國人民的真正的尊重而不僅僅是畏懼和討厭！

孫中山先生當年在其《三民主義‧民族主義》中指出：「要維持民族和國家的長久地位還有道德問題，有了很好的道德，國家才能長治久安。……所以窮本極源，我們要恢復民族的地位，除了聯合起來做成一個國族團體以外，就要把固有的舊道德先恢復起來。有了固有的道德，然後固有的民族地位才可以恢復。」傳統美德是中華民族偉大復興的重要基礎和精神動力，讓我們大力推動中國倫理思想的研究，大力弘揚中華傳統美德，希望通過本書在臺

灣的出版，有助於推動兩岸的學術文化交流，為提高中華民族的凝聚力，為提高中華民族的整體道德素質而盡一點綿薄之力！

蕭群忠 2014 年 12 月 31 日於北京

世紀城時雨園齒鳳軒

目

次

倫理學基本問題新論

　　中國倫理學在近二十年來取得了長足的發展與進步，其知識形態日趨成熟。對於倫理學來說，它有沒有基本問題？倫理學的基本問題究竟是什麼？對這一問題，倫理學界雖然曾在上世紀八九十年代進行過較爲集中的討論，但經過十多年的學術發展，我認爲這一問題仍有必要在新的學術背景和知識語境中加以討論，以期獲得新的學術認知。

　　對倫理學基本問題的探討，有助於幫助人們在道德選擇時從根本上釐清倫理生活中一些根本的倫理價值選擇，有助於分清倫理學說的不同流派和理論類型，有助於彰顯倫理學研究的特點與思考方式，有助於科學倫理學知識體系的建立。

一

　　一門學科之所以得以建立，不僅在於有其客觀的研究對象，而且在於有其基本問題，如果沒有其基本問題，那麼這門學科的合法性和科學性就會受到質疑。倫理學自其誕生以來，由於其研究對象——道德的廣延性和複雜性，對倫理學的研究對象和基本問題在歷史上存在著諸多歧異。但是在我看來，倫理學還是有其基本問題的。一門學科的基本問題總是與其特定對象相聯繫的，由於倫理學以道德爲研究對象，因此，倫理學的基本問題就應該是道德觀的基本問題，是對道德的根本觀點與看法，是人們在實際道德生活中面臨和選擇的根本問題，是以往和當今倫理思想家們爭論最集中的或不可迴避、不能不回答的問題。

　　在中國歷史上有豐富的倫理學說，但沒有系統的倫理學，因此，雖然對

我們今天所說的倫理學的基本問題有所論及，但卻不是以這樣的問題加以討論的。如朱熹所說「義利之辯乃儒者第一義」，其實就是對這一問題的討論，卻被認為是儒學或儒者的首要問題，而不是倫理學的基本問題。儒家學派在我們今天看來，主要是一個道德學派。在西方歷史上，對倫理學的基本問題雖然有一些討論，但該問題仍然有討論的學術空間。

在我看來，倫理學的基本問題就是道德觀的根本問題，即道與德、義與利、群與己的關係問題，簡單合在一起說就是道德義利群己關係問題。倫理學的核心對象是道德，道德觀的根本問題就是如何看待道與德、義與利、群與己的價值優先性問題，從而作出價值選擇。這三個問題可以說第一方面是道德觀的形式性問題，是道即規範優先還是德即品德優先，這會影響不同的倫理學家的思考方式，形成規範倫理學與美德倫理學的不同理論類型。而後兩個問題則不僅是倫理學家要思考的道德觀的實質價值問題，也是每一個道德主體在人生道德實踐中必須面臨和選擇的問題。當然，這兩個問題也有層次的不同。道德觀的根本問題首先是在利益與道德之間進行選擇，或者說道德不是一種本體性存在（當然在歷史上也有絕對主義的道德本體論），它的存在本身就是為了調節利益關係的，這就使它與利益的關係問題成為第一層次的選擇問題，在此基礎上才會有整體利益與個人利益、整體價值與個體價值的選擇問題。這三個問題從形式和內容的統一上回答了道德觀的根本問題，無論是對人們的倫理思考和道德選擇來說，還是對倫理學的理論類型、學術流派劃分、道德原則確立、科學體系的建立都具有根本性的意義，因此，成為倫理學的基本問題。

二

倫理學是一種道德哲學，其中心或元概念是道德，道德在漢語中是個合成詞，它是由「道」與「德」兩個詞合成的，「道」是人之所行的路，在哲學意義上是指「規律」，而在倫理學意義上是指「規則」、「規範」；「德」簡單地說是指人的品質與情操。在現代常識語言中，我們混用「倫理」與「道德」這兩個詞，但如從學理上更準確地界定二者的話，我們常常以「倫理」指稱一種客觀的倫理關係和倫理法則，而用「道德」指稱一種主體性道德精神、道德品質。在西方語言中，「道德」與「倫理」兩詞雖然分別來源於拉丁文和希臘文，但兩者的意思卻是大致一樣的，都是指稱兩方面的意思：客觀的、

社會的「風俗」、「習慣」和主體的、個人的「性格」、「品性」。可見，道德是「道」與「德」兩方面的辯證統一。那麼，在道德中，究竟是「道」即規範具有先在性和價值優先性還是「德」即美德或品德具有價值優先性，這是倫理學家首先要面對的問題。雖然「道」和「德」的統一構成了完整的道德觀，但這兩個問題畢竟有相對獨立的意義。

在西方倫理學界一般認為倫理學的基本問題是如下兩個問題：第一，我們應該如何行動？第二，我們應該成為什麼樣的人？這兩個問題恰恰是基於道德觀中的「道」與「德」的不同。前者就是規範倫理學研究，後者就是美德倫理學研究。隨之形成了這樣兩種不同的倫理學思考和研究的方法範式，進而成為倫理學的不同理論類型。

美德倫理學與規範倫理學的基本區別主要表現在：第一，德性倫理學是「以行為者為中心」，而規範倫理學是「以行為為中心」；第二，前者關心的是人「在」的狀態，後者關心的是人「行」的規條；第三，前者強調的問題是「我應該成為何種人」，後者強調的問題是「我應該做什麼」；第四，前者採用特定的具有德性的概念（如好、善、德），後者採用義務的概念（如正當、責任）作為基本概念。這樣，基於行為者的德性倫理學，就是從個體的內在特質、動機或個體本身所具有的獨立的和基本的德性品格出發，來對人類行為作出評價（不論是德性的行為，還是義務的行為）。德性倫理學所作出的種種探索，都力在證明道德的根基就是人本身。在德性倫理學那裡，道德的根據又重新回到了行為主體。美德倫理學把道德落實於人的內在品質，規範倫理學把道德落實於人的外在行為，它是美德倫理學與規範倫理學的分水嶺。

從歷史的角度看，西方古希臘時期的倫理學主要是以亞里士多德為代表的美德倫理學，而社會秩序的關懷在亞里士多德看來主要是政治學要研究的內容。

自文藝復興之後或從近代以來，正是這種以規則為基礎的倫理學說長期佔據主導地位。現代道德哲學家是以回答「什麼是正當的行為」這樣的問題開始的。這把他們導向了一個與美德倫理不同的方向。因此，他們進一步發展出的理論是關於義務與正當的，而不是關於美德的：每個人都應當按照能最大化地滿足其個人利益的規則而行為（倫理利己主義）；我們應當按照那些能最大限度地滿足最大多數人利益的規則而行動（功利主義）；我們的義務就

是要按照那些具有普遍性的道德法則而行動（康德倫理學）；所謂的正當就是遵循由理性的、以個人利益為出發點的人們出於相互利益的考慮所同意制定的規則而行動（社會契約論）。

以上這些理論在西方社會中都有廣泛的影響，結果導致了西方道德生活的無序與混亂。一方面，一涉及現實中的道德問題，就會出現各種不同的意見和紛爭，使人們面對各種道德原則和選擇無所適從。人們可以根據不同的道德理論選擇完全不同的行為方式。而要對其道德選擇進行衡量或評價是十分困難的，因為每種道德理論都有其獨特的、不同於其他道德理論的道德規範或評價觀念。這使得人們可以憑其喜好而任意選擇道德理論，結果導致了社會共同道德信念及社會共同價值觀念的缺乏。

另一方面，不同的道德學說的確還有一個共同點，即它們都是建立在規則基礎之上的。這就意味著這樣一種可能：人們選擇一種行為，不是因為他們願意這樣做，而是因為他們必須按照規則而行為。如果一個人行使某一行為不是出於自願，而是因為他不能破壞規則，那麼其行為的道德價值也是有限的。此外，評價一個人的道德行為而不需考慮行為主體的願望和動機，也使其行為的道德價值令人懷疑。

自 20 世紀 50 年代起，很多哲學家開始表達他們對現代道德學說所表現出的這些特徵的不滿。他們開始重新思考道德的核心問題，提倡美德倫理的復興。他們認為，現代道德哲學已經破產，要拯救這一學科，必須回歸亞里士多德的道德思維方式。

當代美德倫理重新反思亞里士多德在《尼各馬可倫理學》中對美德的理解，並形成一種大規模的美德倫理復興的運動絕不是偶然的。現代道德哲學把倫理學幾乎變成了純粹外在規範約束的設計。這不僅使倫理學或道德成了一種類似於法律的規則體系，而且也使道德規範本身失去了應有的作用和意義——因為人們無法相信，一套哪怕是再好不過的規範能夠為毫無德性和品格的人接受並踐行。沒有現代人自身的德性品格作為現代倫理運作的內在主體基礎，道德規則又如何得以實施？規則倫理恰恰忽視了對應作為其理論基礎、主體基礎的品格的強調。美德倫理的復興幫助我們重新思考倫理學的主題及道德生活的本質，幫助我們理解由於規則倫理的這些特點和不足，建立在規則基礎之上的道德理論自身已經遠遠不能滿足現代人的道德生活需要。

現代西方倫理學對規範倫理學與美德倫理學的爭論，正好體現出「道」

與「德」即規範與品德的關係問題是倫理學的基本問題，是倫理學家們不可迴避的一個基礎問題，也決定著倫理學家道德思考和道德理論的基本類型。

道德觀或道德理論的這兩類問題應該說在中國先哲那裡是清楚的，這可以從他們的道德觀中看出來。如古人一般把「道」理解爲宇宙萬物的本體、規律與法則，具有某種客觀性，這種客觀秩序表現爲「倫理」關係和倫理原則與規範。而「德」字在卜辭中從直從心，心性正直即爲「德」。郭沫若考證「德」具有「正心」意蘊，這說明德一開始就有德性、品質的含義。之後，《管子‧心術上》提出「德者，得也」，這可以說是從「德」與「道」的關係的角度或者說從「德」的產生形成的角度來解釋「德」是什麼，是「德」的發生學的描述性、關係性定義。「正心」之意蘊才是「德」的本質性定義。後來，管子的這種觀點爲朱熹所繼承。「德者，得也，行道而有得於心者也。」「道者，人之所共由，德者，己之所獨得。」（《四書集注‧學而》）總之，「道」具有客觀性、社會性、普遍性，「德」具有主體性、個體性、特殊性。雖然「道」與「德」相互聯繫，相互貫通，但卻是有相對獨立意義的問題。在中國哲學的長期發展過程中，儒家倫理中的仁與禮的張力、心學與理學的分殊、尊德性與道問學、反求諸己與社會教化之修養方法的不同實際上都是對「道」與「德」的價值優先性的不同思考和選擇。在致學或修養之道上的「尊德性」與「道問學」的爭論，實際上是「道」與「德」、「禮」與「仁」的對立在致學方式與修養之道上的表現。

可見，這一問題在中國思想史上也同樣存在，只不過沒有被思想家們像現代西方學者那樣明晰地提出來而已。不過在儒家倫理學中似乎是這兩個方面的一個合題，兩者的價值優先性的選擇似乎也是儒家內部不同派別的一種傾向。在孔子的倫理思想中，應該說是並重「仁」與「禮」這兩個中心範疇的。「禮」主要體現爲一種外在的制度安排、倫理秩序、倫理原則。孔子關於「禮」的思想，是對他之前的文化遺產有繼承並在此基礎上有所「損益」而加以發展的。在某種意義上說，這種關於「禮」的思想，如果按現代的學術話語來說的話，就是一種規範倫理學思維，是一種外在倫理秩序的關懷，是對一種道德法則和行爲規範的追求，其目的是要人們「非禮勿視，非禮勿聽，非禮勿言，非禮勿動」，解決了「我們應該如何正確行動」這樣一個規範倫理學的基本問題。而孔子倫理思想的第一範疇「仁」則是一種主體性的道德情

感、道德意志、道德品質，是對人的存在與品質的關注，是美德而主要不是規範，因此才有「仁者」、「仁人志士」之說，而不會有「禮者」之說，這證明，「仁」是一種美德倫理學的範疇，它要解決的問題是「我們應該成爲什麼樣的人」這樣一個問題。

在孔子之後，可以說從思孟學派到心學，其道德思考的範式理論類型大概類似於美德倫理學，因爲它強調道德的最終根據在於人的主體自覺、先天良知良能，認爲人心是道德合理性的最終根據。而從荀子到董仲舒，到理學，其思維範式和理論類型大概類似於規範倫理學，因爲它們強調外在的「禮」對人的行爲和社會治理的價值優先性，強調人對律令的尊奉和履行的合理性。

可見，「道」與「德」的問題在中國傳統倫理學中也存在，對其價值優先性的思考也是儒家學者內部不同學派的思考重點，從而形成了他們不同的道德思考方式和理論類型甚至是治理天下的不同路徑，不同的道德修養方法。

三

如果說「道」與「德」的關係問題是倫理學的一種形式化的基本問題，那麼，「利」與「義」的關係問題則是道德觀中的實質性問題。一般來說，倫理學的基本問題是道德生活中的根本問題，是以往和當今倫理思想家們爭論得最集中的問題和分歧的焦點。道德觀要解決的根本問題的確是在道義與利益之間作一個抉擇，這對於每一個人來說都是一種人生與道德的選擇。是要道義還是要利益？是爲堅持道義而「不義而富且貴」於我如浮雲，還是見利忘義、以利害義？難怪如宋儒所說：「義利之辯乃儒者第一義」，也難怪在西方倫理學的長期發展過程中，主要的倫理學流派和爭論不是道義論就是功利論。德國倫理學家包爾生認爲：「有兩個問題構成倫理思考的最初出發點，總是把思想家們重新帶回到倫理學的也同樣是這兩個問題。第一個問題出自道德判斷的職能：即從道德上區別善惡的根本基礎是什麼？第二個問題源自人的意志和活動的本性：即什麼是意志和行動的根本目的？第一個問題正像我們的歷史回顧所展現的，引出了兩個理論：目的論和形式論。〔註1〕羅爾斯也認爲：「倫理學的兩個主要概念是正當和善。我相信，一個有道德價值的人的概念是從它們派生的。這樣，一種倫理學理論的結構就大致是由它怎樣定義

〔註 1〕〔德〕弗里德里希·包爾生《倫理學體系》〔M〕，何懷宏，廖申白譯，北京：中國社會科學出版社，1988：190。

和聯繫這兩個概念來決定的。」〔註2〕而「正當」正是道德義務與道德法則的表達形式,「善」一般來說總是價值、功效等的代名詞。也就是說在羅爾斯看來,倫理學的基本問題是道義與利益或「正當」與「善」的關係問題。可見,無論是從現實人生的道德選擇來看,還是從倫理學的發展歷史來看,既然道義與利益的關係問題是人的道德觀選擇中不可迴避的根本問題,因此也自然就成為以道德為研究對象的倫理學的基本問題。

如何理解倫理學的基本問題是道義與利益的關係問題呢?

首先我們認為,這裡的道德、道義就是指道德義務、道德法則或倫理原則,而利益則主要是指人的物質利益。人與人之間的道德關係究竟是一種利益關係,還是建立在道德原則基礎上的應然相待的關係?道德的目的僅僅是對各種利益關係的協調處理呢,還是為了追求一種符合人類價值理想的合理生活?道德是為了更好的生活,還是生活中要追求一種更為高尚的道德?道德是為了快樂和幸福呢,還是快樂和幸福離不開道德?這些問題都是人們的人生實踐和道德思考不能不首先思考的重大問題,而對這些問題的回答從根本上都是對道德與利益關係問題的思考和回答。人與人的利益關係是一種客觀存在的自然現象,人與人的利益關係不能像動物那樣以生存競爭、弱肉強食的自然法則來處理,人作為有理性、有道德的社會性動物,要以道德這種應然的精神原則和規範力量對人的利益關係進行調節。那麼,怎樣調節?道德面臨的前提問題是利益優先於道德還是道德優先於利益?我們用「優先」而不用「決定」這個詞是表明道德與利益關係不是一種因果律基礎上的誰決定誰的關係,而是一種價值的「優先」性選擇問題。對此的不同選擇就形成了功利論與道義論兩個基本的倫理學流派。道德與利益何者為先?哪個更根本?對這個問題的不同回答就決定了兩條不同的倫理路線:道義論與功利論。凡認為道德義務與道德法則的價值高於利益、功效價值的就是道義論,其特點是維護了道德自身的至上性、自足性價值;凡認為道德行為的價值總是決定於一種非道德的目的與功效的就是功利論,其特點是:認為道德只是一種謀取主體幸福或功利的手段,一種行為之所以是道德的,就在於它是實現主體目的與功利的「善」和「好」。

康德在道德本質問題上持一種絕對的道德本體論觀點,即認為道德是純

〔註2〕〔美〕約翰·羅爾斯:《正義論》〔M〕,何懷宏等譯,北京:中國社會科學出
版社,1988:21。

粹爲義務而義務，道德是一種自給自足的事物，是不用別的事物加以規定的，似乎道德就是人的存在和人的生活的全部內容。雖然這種觀點維護了道德生活在人的生活中的至上性、純潔性，但在生活中是不眞實的。人的存在的兩重性，決定了人不僅有如道德生活這一類的精神生活，還必須有維持肉體存在的物質性生活，因此，不僅道德是人們的精神追求，而且物質利益的追求就成爲人生的重要內容。因此，如何處理利益與道德的關係問題，就成爲每一個人不得不考慮的一個根本的現實問題。因此，正如「意識」這個概念必須借助於與其相關的上位概念「物質」才能定義一樣，「道德」也只有借助於其上位概念「利益」才能得到規定和體現。因爲在我們看來，道德無非是認識調節利益關係的一種價值原則和規範而已。離開了利益關係來談道德，可能會使道德思考變得空泛而缺乏實質的價值內容。

這一問題之所以是倫理學或道德觀的基本問題，最終是由人的存在的兩重性所決定的。一方面，人是一種肉體感性存在，這決定了人必然有物質需要和物質利益，否則，人就不能生存。但另一方面，人又是一個理性的社會性存在，人的存在與生活都是社會性的，人的利益謀求和獲得必須遵循一定的原則，否則就會導致弱肉強食的自然狀態。因此，不僅需要契約、法律等規範原則來調節人的利益關係，而且要用道德、道義這種軟規範來調節人的利益關係。因此，利益成爲行爲的最終根據，就是功利主義；道義成爲行爲的最終根據，就是道義論。由此，這個問題成爲倫理學的基本問題。

將倫理學的基本問題概括爲利益與倫理的關係，既是劃分倫理學不同流派的主要依據，也是倫理學家不能不回答的問題，是中外倫理思想史的焦點和各派分歧所在。如神學倫理學、理念論、天理論、善良意志說、義務論均是在二者關係中更加強調倫理的重要性，而快樂主義、幸福主義、功利主義、目的論都是強調利益的重要性。

四

道德觀不僅是要在道義與利益之間作一個選擇，而且人類作爲群聚的動物，其存在是社會性的、關係性的，人的利益謀取也是社會性的，因此，在社會生活中必然涉及群己利益關係。如何調節它呢？我們自然可以用經濟、政治制度、法律規範加以調節，但在日常生活中，利益關係的調整卻要依靠道德規範加以調節。在常識的意義上，所謂一個人有道德，就是一事當前先

替別人打算，動機和行為有利於他人與群體，起碼不有害於他人與群體。因此，群己關係也是每個人在現實生活中時時刻刻、事事處處都要加以選擇的。這實際上是一個人有無道德的最根本的試金石。

對這一問題的不同價值取向，使倫理學家們在歷史上也形成了利己主義與利他主義、個人主義與集體主義等不同的倫理學說和倫理原則。利己主義、個人主義甚至自由主義都是強調個人或個體的利益與價值的優先性，而利他主義、社群主義、集體主義等都是強調他人、整體、社會的利益與價值的優先性。如在西方歷史上，無論是快樂主義或幸福主義，還是文藝復興時期的人本主義、近代霍布斯的利己主義、愛爾維修等人的合理利己主義，還是功利主義、實用主義都是具有個體主義取向的倫理學說；在西方歷史上也不乏強調整體與社會價值的學說，如盧梭、黑格爾、馬克思乃至最近興起的社群主義都屬於這一價值取向。但一般認為，在西方思想史上或者西方社會，占主導地位的價值觀是個人主義的。而中國思想史上雖然也不乏楊朱、告子、莊子、近代啟蒙思潮的個人主義價值取向，但一般認為在中國思想史上甚至是中國社會中，整體主義的價值取向是主流。如儒家的思想、墨家的思想等都是主張整體主義價值導向的。

無論是對道德主體的道德選擇，還是對倫理思想家們的道德思考，群己關係都是不同於義利問題的另一個更為切近的道德思考和選擇的問題。這兩者之間雖然有一定的聯繫，但又是不完全相同的問題。如功利主義，一般是從人的需要出發，重視人的現實利益並以利益實現的結果和功效來作為道德的最終價值根據的一種倫理學說，似乎從邏輯上就會得出功利主義必然是一種個人主義或利己主義的選擇，但歷史證明這並不盡然。中國的功利主義如墨家的功利主義，恰恰是講「兼相愛，交相利」的利他主義；而韓非子的人性論是一種自然主義的人性論，他把一切人際關係也解釋為利害關係，但他在公私觀上恰恰也是堅持國家主義的整體導向的；又如毛澤東講的我們是革命的功利主義，雖然也是功利主義，但卻是追求人民大眾的、無產階級的整體利益。如果對西方的功利主義作一深入分析的話，也就會理解義利觀的選擇是不同於群己觀的選擇的，這是兩種不同的道德觀的基本問題。西方功利主義的理論出發點是從人的肉體感受性出發的趨樂避苦的人性論，它又認為只有個人的利益是真實的，整體利益不過是無數個個人利益的簡單相加。這似乎表明它們是個人主義的或者是利己主義的，但確實他們又提出了「最大

幸福主義」的道德原則，而且這種最大幸福主義的原則，在西方的公共決策中確實也發揮了重要的影響。這種理論的內部矛盾性正好說明這是道德觀的兩個不同的問題。

（原載《道德與文明》2007 年第 1 期）

論常人道德

　　我們以往的道德理論基於一種善惡二元對立的思維方式，往往只是關注道德生活的兩極即君子（甚至是聖賢）與小人的道德，其實在生活中這種兩級的人、兩極的道德必定是少數和特殊的道德，而更爲常見的、存在於生活中的道德則是一種庸常、普遍的介於兩極之間的常人道德。什麼是常人道德？它有什麼特點和性質？關注並研究常人道德對現代道德建設的意義何在？這是我們想探討的問題。

一、常人道德及其特點

　　常人就是平常人、普通人，這主要不是從「位」的意義上說的，而主要是從「德」的角度來說的。一個普通老百姓從「位」的角度來看，他自然是個「常人」，但在道德上他也許是個「君子」，也許是個「小人」，當然更大的可能性是個道德上的「常人」。社會上某些高官富商，明星大腕，從「位」上來說他可能不是「常人」，不說是英雄豪傑，起碼是個「名人」或成功人士，但從道德上來看，他也許有可能成爲「君子」與「小人」，但也有可能就是個「常人」。可見，本文所謂道德上的「常人」就是界於「君子」與「小人」之間的、既不那麼高尚也不那麼低下的道德「常人」。在道德生活中，通過觀察我們會發現，實際上「君子」、「小人」都是少數，而「常人」往往是大多數，但人們似乎對這種大多數的「常人」道德未給予足夠的關注。

　　董仲舒的人性論是一種「性三品」的等級人性論，雖然他的理論是要爲封建等級制度做論證，但僅從人性與道德的角度看，他認爲人性與人的道德是有層次性的，認爲除了高等級的「聖人之性」和處於下等的「斗筲之性」

之外，還有所謂「中民之性」，我們這裡所說的道德「常人」，就是這種道德上的「中民」。

常人道德是通過實然觀察之後而發現的一種道德行為與境界的實然存在狀態和道德境界層次。也就是說在日常生活中特別是在當代的現實生活中，我們會發現有很多人會處於這種常人的道德層次，他們既不處於道德超凡脫俗的聖賢或「君子」的先進層次，也不是見利忘義、損人利己的「小人」，而是處於二者之間的「中民」和「常人」。

那麼，這種常人的道德行為特徵即我們所說的「常人道德」的特徵是什麼呢？在我看來，主要體現為：

第一，其行為特徵既非應當，也非失當，而表現為正當。道德上的「應當」往往是基於社會完善與個人完善的一種理想性的要求，在道德生活中能夠做到「應當」的，正是因為其行為合社會目的性與合個人自我道德完善的目的性，而為社會和人們所稱讚，是一種道德上的「美德」行為層次。而失當則是一種可以以道德標準明確區分出的非道德的行為，是不合適、不應當的，是受到社會和人們的譴責的。而「正當」的行為則是處於這兩者之間的，即既不是太高尚的，也不是太低下的中間層次。這種正當從傳統道德價值上看似乎既不是「善」也不是「惡」，既不是好也不能說是不好，既不是道德的，也不是不道德的，而是非道德的。如大量不能進行道德評價的經濟行為，如最近圍繞河南鄭州開了一家通過幫助人找到失物而取酬的公司，在社會上引起了爭論，按傳統道德拾金不昧的要求，還給人家失去的東西，要錢就是不道德的小人，可是該公司經理說，我這是生意。那就意味著，在他看來，這僅僅是一種經濟行為，而不是一個道德行為。在我看來，這種行為就可以看作是一個無涉道德的「正當」行為。那我們所要面臨的問題，這種無涉道德的正當行為以新的社會道德評價標準究竟是不是道德的？還有一種情況如一個汽車駕駛員遵循交通規則，這在駕駛員本人或他人來看，都是一種理所應當的行為，如果不遵守會被懲罰，但遵守了也不會有人覺得這有多高尚，但這種行為似乎還是一種符合社會生活要求的基本道德義務，這恐怕也是一種常人道德。

第二，其價值觀是義利兼顧的。處於常人道德的中人，其價值觀既不是堅持「義以為上」的，也不是見利忘義的，而是義利兼顧的。仍以上述事例來說明，對於拾到東西的人來說，按照我們傳統的價值觀就是「我在馬路邊，

拾到一分錢，交給警察叔叔，說聲再見！」，也就是說，我們從小接受的就是拾金不昧的傳統美德教育，當然，我們不是說這種精神過時了，不需要了，而是說這是一種道德上比較高的層次即拾金不昧，是應該繼續被讚揚和提倡的。但還有一部分人拾到東西後，如果價值比較大，他可能會想，不義之財不可得，我不能把別人的錢物據為己有，但我要把這些錢物還給失主，還要花時間成本，金錢成本，那麼，我就希望把錢物還給失主之後，他們既從精神上承認我的行為的道德價值，也應該給我適當的經濟上的回報和物質獎勵。也就是說他們的行為是義利兼顧的。在一些物權法律法規完善的國度，類似這種有償還物的行為，完全可以從法律上找到相應的條款。日本法律規定，失主應向拾得者給予不少於物品價格 5% 的酬金；德國民法典規定，在遺失物價值不低於 100 馬克時，拾得者有權獲得報酬……前些時候公佈的我國物權法，也寫進了歸還遺失物有權索取必要費用的新規定。當然這其中也有很多人是偷偷把人家的錢物昧了，這就是「失當」的不道德行為了。

　　第三，其人己觀是人我兩利的。這種常人在人己觀上，既不是毫不利己、專門利人，也不是損人利己、自私自利的，而是在利人的基礎上也不損己，在實現自己小小的正當利益的基礎上而利人，既是利人的也是利己的。正如上述事例所表現的那樣，很多小老百姓、道德上的常人或中人，的確不是失德昧物、自私自利的「小人」，但也沒有達到一心為他人而不顧自己的時間精力甚至是金錢損失的「君子」水平，他們既未害人，也未一心利人，而是在利人中希望有所回報，既得到精神上的肯定也得到點物質上的實惠。如一個小夥子在馬路、車站、社區裏看到某位老人費力地提著東西，就去幫老人把東西送到家，如果主動說清楚這是要付費的，那就是一種純粹的經濟行為，但他並沒有這樣說，但他內心可能是希望老人不僅在精神上謝謝他，而且因為他是個窮學生，也許還希望得到一點小費之類的物質回報。恐怕按我們的傳統道德觀，這個年輕人有這個動機就是不道德的，是個「小人」而非「君子」，對於受到幫助的人也很少有人想到主動給別人一點小費，而理直氣壯地享受別人的這種勞務付出，可能他會想：這是他願意這樣做的，我又沒強迫他。我們之所以把年輕人這種期望得到回報的行為動機看作是「小人」，就是以一種要麼是「君子」、要麼是「小人」的兩極對立的道德思維進行思考和評價的，而沒有想到在這兩者之間還會有一種正當的行為，人大部分也許只是一種道德上的「常人」、「中人」，他既不那麼高尚，也不那麼低劣。他的行為

在客觀上是利他的，在動機上是利己的，從社會效果來看，可能是一種雙贏的人己兩利，是一種有效的社會合作機制。要使很多平常百姓有更多的機會、以更高的積極性做到並實現拾金不昧，通過一種合理的制度安排，通過一定的中介組織去架起失物者與拾得者之間的橋梁，這是一種多贏的社會合作，從效果上來看，也許是最有效的實現社會利益最大化的途徑。每個人「拾金不昧」當然是一種交易成本最低的社會合作，一個人拾到了別人的東西，無論多麼貴重，都會想辦法交到失主手中，這是最優的社會狀態——可社會一般的道德水平根本達不到這個境界，大部分人都是平常百姓，其人性與道德境界也可能就是處於「中人之性」與常人之德的水平，因此，我們要承認這種還物取酬行為的道德正當性，如果通過這樣的社會合作機制，達到了客觀的利益多贏，又鼓勵很多人既做了一件對別人有幫助的事，也得到了一些利益或金錢上的回報，這從民眾日常生活倫理的角度看，對鼓勵人們多做好事、利人利己也許還會起到好作用。

第四，其行為動機是追求權利與義務的對等統一。現代倫理精神的重要特徵就是努力追求並實現權利與義務的對等統一。我們社會近三十年來所進行的企業改革與社會改革實際上追求並體現了這種責權利相統一的機制。現代法治社會也要努力追求和維護這種權利與義務相統一的社會機制。但是在傳統的道德理論中，我們一般認為，道德是沒有權利訴求的，似乎只要追求權利的就是不道德的，只有單純盡義務的行為才是道德的行為，甚至把這一點放大，堅持認為自我犧牲是道德的重要特徵。近年來，在倫理學界，這種道德理論已經被修正完善。道德從其社會作用性質來說，雖然主要是要鼓勵人們履行義務，但現代道德如果缺乏權利訴求及其維權意識，或者說權利與義務分離，那麼，這仍然只是一種傳統社會的精英文化思維，是不符合現代倫理精神的。雖然自我犧牲是道德的一種最高境界，但它卻不是道德的唯一的質的規定性，如果把它看作是道德的特徵，那麼就會視權利與義務的統一為不道德，這是不科學的。還有一種認識認為，從社會道德保障機制的角度可以提倡權利與義務的統一，但似乎個人的道德行為動機只能追求義務而不能追求權利與義務的統一。在我看來，這種認識也是不正確的，因為這割裂了社會道德與個體道德，如果缺乏主體道德精神的支持，那麼，這種權利與義務相統一的社會道德機制如何能建立起來呢？這本身就是矛盾的。

二、常人道德的性質

那麼，這種常人道德究竟該如何認識評價或者說它的性質是怎樣的？

首先，常人道德的存在是一種道德生活的常態正當性眞實存在。常人或中人道德，在實際的道德生活中是一種常態的存在。也就是說，在生活中處於這種常人道德的行爲，是大量存在的，處於這種常人道德境界的人是大多數人，而道德上非常高尚的「君子」甚至是「聖」、「賢」，或者說道德上很惡劣的「小人」，畢竟是少數人。我們在道德生活中要讚揚與譴責的往往是特殊的，少數的人和事，我們往往對特殊的事件保持著興趣，而不大關注常人的日常道德。儒家的聖行是一種崇高的道德追求、道德理想境界，作爲常人，我們認爲自己很難做到，我們認可並崇尚這種理想，但我們也有權放棄對這種過高境界的追求，沒有聖人的理想，沒有成爲聖人，沒有什麼大不了的。相反，有了這類聖人的價值觀和理想並將其實現了，那才是大得了的事情呢。這類大得了的事情，人人奇之而讚歎才會見賢思齊。常人道德是一種正當性存在，這種正當性有時表現爲一種與道德無涉的非道德現象即它可能是種正當（不違法也不失德）謀利的經濟行爲，也可能表現爲既利人又利己的行爲，既然是一種利人利己，既不損人也不損己的兩利行爲，我們就應該承認其是道德行爲而不是不道德行爲或非道德行爲，因爲在我們看來，一個行爲是道德的，主要是以其對他人和社會利益的損益性而確定的，而不是以其行爲者的動機爲主要標準的。既利人又利己，既非利己而損人的行爲就應當被視爲是道德的行爲，在這種意義上，它不僅是正當的，也是「善」的。正當性、大眾性是常人道德的重要特點，對這種具有性質上道德正當性，而又爲大多數人經常履行的道德行爲，我們的道德理論與道德輿論應給予正面的道德價值評價即它本身是一種符合現代倫理精神的道德行爲。

其次，常人道德的義利統一、人己統一、權利與義務相統一，是現代倫理精神的集中體現。古代社會的基本社會特徵是少數人對多數人的統治，在政治、經濟和文化各個方面，都只有少數人享有權利，並且享有統治其他大多數人的權力。因此，在古代社會，道德的思考只是「上等人」的專利，這就使得這些道德學說具有這樣一種傾向，就是毫不理會生活的基本問題，容易在義利對立的基礎上堅持「義以爲上」的價值觀。因爲他們沒有獲取物質生活資料的現實壓力，但是作爲道德學說，它又具有普遍化的要求，是對所有人的普遍規範。那麼，對於這個社會中的大多數人來說，這是一種過高的

要求，也是一種不合理的要求。古代社會的單一的社會經濟、政治結構要求文化上的價值一元化，社會生活的單一化必然導致對人的道德品質的齊一化要求。因而要人們見賢思齊，鼓勵人們「人人皆可成堯舜」，「塗之人可以成禹」。近現代以來，社會結構的多元化和價值觀念的多元化成為社會發展的必然要求。與社會的生產方式的轉型和社會結構的轉型相適應，社會權利和社會義務的平等和公正成為人與人關係的正當要求，道德的評價也就轉而關注人們的行為，只對人們提出作為一個公民的基本倫理規範，至於人的內心生活和更高的道德要求，則是讓每個人自己去選擇，這是一種道德上的民主精神的體現，也是現代社會道德生活的特點。現代民主社會不是不希望人們做一個道德上境界很高的聖賢或君子，而是把這種自我選擇的權利讓給民眾，只是要求一個公民做到基本道德、守法公民。現代民主社會主要是一種普遍的公民倫理，其基本精神是權利與義務的統一，是一種基本的「底線倫理」。現代社會的基本價值根據就是尊重每個公民的自由選擇權，是否要做到道德上的聖人，這是他們自己的權利，每一個公民只要能做到權利與義務的統一，既維護自己的合法權益，又履行自己的公民義務，既謀利但又不違犯道德和法律，既不損己而又能利人，這就是一個有道德的好公民。現代道德就是要努力建設這種公民道德，而不是傳統社會的聖賢道德。當然一部分人能達到這種聖賢境界也是我們所樂見的並崇尚追慕的，但卻不能被社會所要求和強迫。可見，上述常人道德是符合現代倫理精神的，因此，應被評價為道德的行為。

第三，常人道德是道德的中間層次與境界，這也是毋庸諱言的。他既不是被期望和讚揚的，也不應是被譴責和拋棄的，而是客觀的、大量存在的，是不容忽視的。我們只有正視這種客觀性的中性存在，才能真正建立起道德的層級性思維，從而充分發揮道德的調節作用。它確實不像「應當」、「善」那樣高尚，這要求我們還是要堅持在社會上通過大量的宣傳教育和道德主體的自覺修養，努力使人們向更高的道德境界努力攀升。但另一方面，也要承認這種中人道德層次存在的合理性，它是廣大民眾經常發生的、普遍的、恒常的道德行為和道德境界，雖然不具有道德上的崇高性、範導性，但卻是日常道德生活中不可缺少的層次。大多數人這樣的義利兼顧、人己兼顧、既盡義務又要權利的行為，應該被看作道德上的正當和善。它的存在不僅是一種生活的事實，而且應該說對形成公民社會的權利與義務的新道德是有積極意

義的。只有正視這一道德層次的存在，才會真正把道德的層級性思維落到實處，也就是說我們既要鼓勵讚揚道德上的先進性要素，也要注意發揮道德的大眾性、普遍性要素的積極作用，既要人們義以為上、先人後己，也要承認義利兼顧、人己兩利的合理正當性，從而把道德的先進性與廣泛性很好地結合起來。

三、常人道德的意義

研究常人道德並給予道德上的正面價值評價，對於我們建設現代新道德有積極的意義：

第一，有利於克服我們過去的那種善惡兩極的對立道德思維方式。我們過去的道德思考方式是善惡兩極的簡單化思維，不是善的就是惡的，不是好的就是壞的，不是君子就是小人，這種道德思維把無比豐富的道德生活世界人為地割裂了，因而失去了生活的真實，是想以一種抽象的道德來解釋規約生活，而不是從生活中提煉概括出道德。無比豐富的道德生活世界並不是那種善惡兩極的對立世界，實際上在生活中，義利統一、人己兩利可能是生活的常態，而二者的對立只是生活中的異態。但我們過去的道德思維卻無視這種道德生活的真實，人為地製造兩極對立，並似乎認為道德發展就是在這種善惡對立中前進的。在我們建設和諧社會的過程中，我們進行道德思考，要避免這種鬥爭哲學的對立思維方式，而要尋求人與人之間的合作與共贏，追求一種人際和社會的和諧才是道德建設的真正目的所在。「兼相愛，交相利」，「敬人者人恆敬之，愛人者人恆愛之」，「己欲立而立人，己欲達而達人」，我們為什麼不能從我國儒墨兩家的這種和諧道德思維中汲取一些道德智慧呢？多元化的道德世界並不是只有善惡兩極，而是多極的，起碼我們應該承認有的道德行為是正當的，不是最好的，但也不是壞的。

第二，有利於真正實現權利與義務相統一的現代倫理精神。正當的行為，其實質是要追求權利與義務的統一，這以傳統的道義論觀點，以道德的崇高性、純潔性標準來衡量，確實不算那麼高尚，但它卻是一種現代倫理精神。過去我們的兩極道德思維實際上是以一個最高的道德標準把不符合其標準的行為通通斥責為惡，但由於這個標準脫離了大多數人的道德水平，甚至本身是名實分離的，因此，導致的實踐結果是一部分人把道德變成了要求別人的工具，他們的行為體現出明顯的名實分離，說一套、做一套，把權利留給自

己,把義務留給別人,從而成為道德上的偽君子。阻礙了現代道德的公平正義精神的形成,對道德實踐和社會事業帶來巨大的損害。因此,現代道德建設的主要任務還是要努力避免權利與義務的分離,而努力實現權利與義務的統一,這可以說是中國當代道德建設所要堅持的根本精神和必由之路。

第三,有利於當代道德研究面向生活和民眾,從而有利於建設與社會主義市場經濟相適應的新道德觀。我們過去的道德研究沒有關注常人道德這種生活的真實、人的道德境界的常態,而只是以傳統的道德精英思維,樹立一個道德的高標杆,要人們見賢思齊,這種道德建設的思路,自然也會通過榜樣的帶動作用,提升一部分人的道德境界,但對於大部人來說有時可能是因為標準過高難以達到,有時可能是因為缺乏一種權利與義務相統一的道德機制,脫離民眾的生活實際,僅靠道德上的一般性的倡導,不免失之於空泛失效。我們的道德研究如果脫離了大多數人的道德生活、道德實際、缺乏權利訴求與義務承諾相統一的道德動力機制和社會保障機制,那麼,這種舊道德自然難以得到民眾的廣泛認同和參與,從而成為空洞的說教,道德變成了說說而已的道德說辭,失去了對生活的道德干預和道德指導。現代新道德的基本精神是權利義務相統一,而常人道德也正是這種權利訴求與義務踐履的統一,因此,常人道德是現代道德的一種基本形態。

我國社會正在努力建設公民社會,現代倫理精神必須與市場經濟、民主制度、政治與法制文明相適應。正視人民群眾的正當物質利益,這是社會經濟發展的最深層的動力,現代民主政治和現代法治精神都在於要維護權利與義務的統一。傳統道德只講道義而忽視利益,只講義務而不講權利,只講利他不講利己,可以說在某種程度上與上述現代社會的精神是不一致的,最少也是不能很好地促進市場經濟和現代民主法治社會的建設,如何在新道德的建設中體現義利統一、人己統一、權利與義務統一,這是我們的時代所面臨的重要課題,重視常人道德的研究並給予道德上的正當性評價,這也許會促進這種權利義務相統一的新道德的形成。

(原載《倫理學研究》2007 年第 4 期)

社會公德幾個基本理論問題的釐清

　　最近，讀了臺灣陳弱水的專著《公共意識與中國文化》〔註1〕一書，這是我有限的閱讀中所看到的華語文獻中討論中國文化中的公共意識和社會公德理論最有學術原創性與解釋力的著作。其資料之翔實、分析之細緻、觀點之深刻令人感佩，深受啓發。適值「社會公德理論與實踐學術討論會」即將召開之際，筆者結合陳著，就社會公德的幾個基本理論問題談些個人看法。

一、社會公德概念與範圍的現代演變

　　根據陳弱水的研究，現代中國的公德觀念是 20 世紀初從日本引入的。公德觀念起自明治時期（1868～1912）的日本，公德一詞可能最早出現於福澤諭吉（1834～1901）的《文明論概略》（1875 年初版），隨後，「公德」逐漸成爲代表明治前二十年社會倫理意識的主要標誌。到 19 世紀 20 世紀之交，日本出現了闡揚公德的熱潮，在明治三十四年（1901）達於頂峰。當時，日本的公德觀念大體包含三項要素：（1）不傷害不確定的他人以及公眾的利益；（2）協助他人，並爲公眾創造利益；（3）爲國家效力。前兩項是公德的核心，後一項則爲邊緣，「公德」基本上是個社會性的觀念，其集體主義的含義並不明顯，它主要是指個人對公共秩序及社會其他成員所應有的責任和愛心，即社會倫理或公益心。

　　「公德」被介紹入中國，始於梁啓超 1902 年 3 月發表的《新民說》，當時正值日本討論公德議題的高潮。社會公德問題由於梁氏的宣說而廣受國人

〔註 1〕陳弱水，《公共意識與中國文化》〔M〕，北京：新星出版社，2006。

注目，不過，《新民說》中的「公德」和日本的主流公德思想稍異其趣。梁啓超所闡發的「公德」含有兩個主要元素，用他的話來說，一是「愛國心」，一是「公共心」或「公益心」；一是國家倫理，一是社會倫理，而尤以前者為重。簡言之，梁氏宣揚公德的基本目的是在主張，中國若要成為有力量的民族國家，必須先有為其獻身的人民；培養社會倫理的問題則是其次的。此後，社會公德的觀念在民眾中得到了廣泛傳播。當時，中國人所領受的公德義涵，一是貢獻國家、合群重團體的心態和行為；一是個人在社會生活中所應遵循的規範。這兩個方面並沒有嚴格的分野，經常混在一起。但總體上看，主要強調的仍然是個人對大我的義務。當然，也有一部分人的意見與梁啓超不同，如馬君武於 1903 年初在日本發表的《論公德》，則旨在強調公德的社會文化性內涵。

那麼，社會公德究竟是指國家道德還是社會道德？在我看來，雖然這兩層意義在廣義上都可以算作社會公德，但在更為嚴格的意義上，或者在現代語境中，首先應把社會公德歸結為社會道德而非國家道德。這一點可以從「社會」這個概念的形成過程中得到佐證。在 19 世紀末以前，中文並沒有「社會」的概念，雖然我們不乏這個語詞。它是從日本引入的對 society 一詞的譯語。Society 一詞源於拉丁文，本來的意思是特定的結社或夥伴關係。在古代與中古西方並沒有獨立於政體之外的社群整體的概念。現代意義上的「社會」是指在國家與家庭之外的人世活動的各種部分和總體。現代「社會」觀念的明確化與流行，是 18 世紀後期的事。作為人群整體含義的「社會」出現較早，17 世紀後已經逐漸普遍。至於「社會」作為可與「國家」區分的實體，則與市民社會（civil society）觀念的發展有密切關係，是 18 世紀末到 19 世紀中葉西方政治思想中的一個主題。

由於中國傳統公私觀念的影響，以及現代中國救亡圖存和革命的特殊歷史背景與時代需要，使我們長期以來把公德定位為一種國家道德。最保守地說，對於什麼是社會公德，我們是不甚清楚或者說是徘徊在國家道德與社會道德之間的。比如，我們長期把「五愛」作為社會主義社會的社會公德，這不僅在《政協臨時綱領》這部建國初期的臨時憲法中得以確認，而且延續了很長時間，雖然有時也沿用列寧所說的社會公德「是人們千百年來在日常生活中積累下來的起碼的簡單的生活準則」這一社會日常生活意義上的社會公德概念，但在我們的主流意識形態和主流倫理學中，似乎與「愛祖國、愛人

民」等「五愛」相比起來，那只是細枝末節，是小事，因此，在我們的主流倫理學體系中或語焉不詳或根本不說。在制定《公民道德建設實施綱要》時，有可能覺得把「五愛」表述爲社會公德不合適，就換成是「社會主義社會公民道德的基本要求」，這種表述同樣體現出對社會公德概念的含混不清。

這種以國家道德取代社會道德或者說把社會公德的重點主要理解爲國家的、民族的集體主義，是與現代中國的歷史背景與社會密切有關。在梁啓超看來，「中國所以不振，由於國民公德缺乏，智慧不開」。這樣反思的結果，就使梁氏的關切側重於如何樹新民而興國家。基於此，梁啓超在其《新民說》中對「公德」下了如下定義：「我國民所最缺者，公德其一端也。公德者何？人群之所以爲群，國家之所以爲國，賴此德以成立者也。人也者，善群之動物也。……而遂能有功者，必有一物焉，貫注而聯絡之，然後群之實乃舉。若此者謂之公德。」「道德之本體一而已。但其發表於外，則公私之名立焉。人人獨善其身謂之私德，人人相善其群謂之公德，二者皆人生所不可缺之具也。」〔註2〕這種對公德作用與應用範圍的大致描述，從嚴格意義上說還不能算作是社會公德的定義，但梁啓超所謂「公德」的最基本意思，是人的行爲中能對公共利益、社群凝聚有所貢獻，這還是一個相當寬泛的說法。19 世紀末，特別是甲午戰爭之後，中國受東西方列強的侵辱日深，甚至有國亡不復的危機。在此處境下，中國知識界中興起了「群學」的思潮，提倡「群重己輕，捨私爲公」，希望打破家庭、宗族、階級等小單位的隔閡，解放和振興全民的能量，爲國家和民族的大利而獻身奮鬥。梁啓超的公德觀念也是群學思潮的一部分，它的一個主要指涉就是國家觀念與愛國心——個人小我爲大我努力奉獻的意志與情感。因此，在他看來，國家觀念是國民道德或社會公德的主要內涵和實行方法。

在梁啓超力倡公德之後，中國近現代的歷史背景和時代需要並沒有多少改變。救亡圖存衍化爲革命，無論是國內革命戰爭，還是抗擊日本帝國主義的民族戰爭，都需要革命組織和政黨用傳統公的意識與公德來動員其追奉者爲民族國家或黨派的利益而獻身，這成爲壯大革命組織、開展革命鬥爭的重要思想武器。這種思想，首先要求黨員向黨效忠，再而要求民眾遵從黨所設定的目標，以此統一思想、統一行動。劉少奇在其《論共產黨員的修養》中引用毛澤東的話說：「共產黨員無論何時何地都不應以個人利益放在第一位，

〔註 2〕梁啓超，《新民說》〔M〕，瀋陽：遼寧人民出版社，1994，第 16 頁。

而應以個人利益服從於民族的和人民群眾的利益。因此,自私自利,消極怠工,貪污腐化,風頭主義等等,是最可鄙的;而大公無私,積極努力,克己奉公,埋頭苦幹的精神,才是可尊敬的。」〔註3〕在這種公觀念的影響下,我們所謂的公德長期以來被看作是無產階級的革命道德、階級道德,中國共產黨取得全國政權以後,實際上還是把這種革命道德直接延續為社會主義社會的道德及社會主義社會的國家道德。因而,長期以來未能實現從革命黨到執政黨的轉化,仍以革命戰爭年代所形成的意識形態和思想道德來指導已經變化了的社會生活,以國家道德、政黨意識形態道德來取代社會公德。在近三十年改革開放的過程中,當代中國社會生活已經呈現出多元化的態勢,國家政治生活和市民的經濟、文化生活分際日趨明顯,社會生活日益豐富。因此,所面臨的不再是亡國滅種的危機,也不能對全體公民強行推廣那種一元化、政治化的革命道德,因為它離民眾的日常生活已經相去甚遠。在這樣的情勢下,如果還把社會公德理解為國家道德,而非社會道德,必然漠視社會公德建設,這將不利於中國公民道德素質的提高。因此,加強社會公德建設,是當代中國道德建設的一個重要任務。

二、社會公德的觀念與場域基礎

社會公德建基的基礎是一定民族文化的公觀念和公私領域的區隔,從歷史和中西文明比較的角度來探討這一問題,不僅有利於瞭解中國社會公德觀念形成的文化根源,而且對瞭解現代社會公德的客觀基礎也是有益的。

傳統中國的「公」最原始的含義是朝廷、政府或國家,所以官府就是「公家」、「公門」,「公服」就是官服。這種含義後世一直延續下來,在現代,政府工作人員被稱為「公務員」。既然「公」的一個主要含義是政府、朝廷或政府之事,那麼,與它相對的「私」就有民間的意思。雖然「公」在傳統中國也有「普遍」、「全體」的社會性含義,但政府和國家含義卻是占主導地位的。在西方,「公」publicus 是從 populus(人民)變化而來,意思為「屬於人民全體的」、「與人民有關的」。簡言之,在字義上,populus 一直帶有人民的意味,不同於漢字的「公」以國君為語源,與「人民」的關係相當淡薄。明白了這一點,我們就會理解,在西方,公民社會絕不是指政府、國家,而是指市民社會或「民間社會」(中國臺灣地區學術界的翻譯和用語)。它恰恰疏離於國

〔註3〕《毛澤東選集》:第2卷〔M〕,北京:人民出版社,1966,第488頁。

家、政府，而是民間的。現在只要一提公民道德建設，在好多人的腦海裏仍然是黨和國家主導的國家道德的推廣與教化運動。

在傳統中國，公私主要是一種觀念的範疇，而不大有實質性的客觀領域的分際。而且，這種公私觀又是具有強烈道德評價色彩的價值好惡，因此，在觀念上，中國文化似乎是非常崇公貶私的。但是，為什麼這種價值觀反倒沒有塑造成國人的社會公德，甚至與西方文明相比較，中國的社會公德素質體現出一種較差的狀態呢？這就是因為沒有客觀性的場域的分隔，只是思想觀念上的說說而已，公私相混正是造成社會公德缺乏的根本原因。私是自環、自營，反私則為公，而私是道德上的惡，公則是道德上的善。但人們對什麼是公共利益的存在卻相當模糊，家是私，國是公，但國只是家的放大，家是國的基礎，而處於兩者之間的民間社會是難以發展的，因此，似乎只有私才是現實的，人們大可以化公為私。公除了國家，還有所謂抽象的天下的概念，那麼，什麼是天下？這似乎離現實日常生活也是較遠的。在歷史上，中國人其實一直不太講究公私之分，公私關係的重點在以公滅私，即使談公私之別，也經常是在心理或動機的層面提要求，而頗輕視實際行為的檢查與規範。傳統中國思想中的公私之別，很少是領域性的，與現代的公私之別其實大不相同。可見，現代公德建設必須建立在公共領域和私人領域的區隔基礎上。

什麼是公共領域？陳弱水認為：「對公德問題而言，公共領域最主要的內涵是公共場合。……一般而言，公共所有或向公眾開放的空間屬於公共場合。但公共場合與私人場合的差別，並不完全取決於空間的性質，空間中人群的組成也是一個重要因素。一個只有同學、朋友或家人的電梯，可以算是私人場合，當一個陌生人走進來後，它的性質就起了變化。在公共場合，行為應當自我約束，盡量遵守規章，避免妨害他人或破壞公共利益。」「公共場合併不完全等於公共領域……在公德問題上，公共領域指的是日常生活中的公共領域。我為它下的定義是：個人與公共財產或無特定關係人所構成的共同場域。這個場域包括兩個部分：其一，公眾使用的空間；其次，個人行為對私人關係圈外所能造成影響的範圍。這個場域的第一部分是空間的性質。第二部分則是以行為影響力的範圍——而非特定的時空因素來做界定，當個人的行為可能對私人生活以外的人產生明顯影響時，這個行為就處於公共領域。」〔註4〕為了明確「公共領域」的概念，陳弱水還對學術界通行的哈貝馬斯及漢

〔註4〕陳弱水，《公共意識與中國文化》〔M〕，北京：新星出版社，2006，第29～30

納‧阿倫特兩人的「公共領域」概念做了比較。哈氏對其公共領域的簡明定義是：「公共領域」最主要是指社會生活中的一個像公共意見這樣的東西能夠形成的場域。而阿倫特的「公共領域」的基本意義是由人的行動與實踐所開創的政治生活的共同世界。陳弱水認為，套用阿倫特的概念，他心目中的「公共領域」可以說是日常生活的共同世界。並進而認為，只有假定有一獨立公領域的存在，並發展相應的規範系統，公德的建立才是可能的。陳弱水是從更為形而下的角度及社會公德的存在場域和客觀基礎的角度定義了「公共領域」的概念與範圍。在我看來，這個定義和場域的規定是準確、科學的，不僅為公德尋找到了一個客觀的基礎，而且也與西方政治哲學層面的「公共領域」概念作了區隔。

三、社會公德的兩種性質與類別

關於社會公德的性質分類，陳弱水借鑒當代英國思想史家以賽亞‧伯林（Isaiah Berlin, 1909～1997）把自由區分為消極的自由與積極的自由的做法，把社會公德從性質上分為兩類，即消極性的社會公德和積極性的社會公德。所謂消極，沒有不重要或負面的意思，而是指「不作為」、「有所守」式的社會公德行為；積極性的社會公德行為則是指「有所為」的行為。這樣的區分在於說明，積極性與消極性的公民行為是有明顯差別的，這兩者在行為上有高度的分離性，積極性的公民行為並不一定能導致消極性公民行為的改善。比如，珍視個人作為公民的參政權利，擔任義工，捐款給慈善機構，這些都是一種積極性的公民行為。但有這些行為的人並非必然具有遵守社會秩序、維護交通秩序、愛護公共財物和衛生等這樣「有所守」的消極性社會公德。雖然這兩者都不可或缺，但在個人行為上，似乎消極面經常具有優先性和重要性。陳弱水為了說明他的觀點，舉了這樣一個假想和極端的例子，比如說火災，是鼓勵人們參加自願性的義勇消防隊去救火重要呢，還是要求人們在日常生活中自覺遵守防火規定，減少火災的發生更為重要呢？以上的想像，目的是顯示，公民倫理的消極面如防火、不縱火是公民倫理的基本要素，其重要性有時比積極面如志願救火還要高。又比如，要保持人們周邊生活環境的衛生，是鼓勵人們義務清掃更有效呢，還是抑制扔垃圾、倒污水的行為更為重要呢？答案顯然是後者。

頁。

　　陳弱水對社會公德的這種性質分類，在我看來是縝密深刻的，對於當代中國的社會公德建設是非常富有啓發性的。中國傳統道德以仁爲核心和起點，中國傳統的公觀念倡導「以天下爲己任」，這種抽象的普遍的道德呼籲雖然精神可貴，卻不具有操作性；而對消極性的公民行爲規範，由於我們傳統生活中缺乏社會公共生活的拓展，因此，這方面的資源相對貧乏。再從中國人的公德現狀來看，雖然也不乏一些道德先進分子表現出諸多積極性的公德行爲，但對於大多數國民來說，最缺乏的則是對消極性公德規範的遵守。在現代社會，「公德最核心的內涵就是，公民在日常生活中應該避免損害公眾的集體利益以及其他個別社會成員的權益，公德是一種不作爲性、消極性、有所守的行爲，它要求人們不要爲自己的利益或方便而傷害陌生人與社會。」〔註5〕（在傳統中國社會，「五倫」均是熟人關係，而現代社會公德主要是要處理陌生人之間的關係，儒家道德的宗法家族性、等差性等精神都使我們在現代社會缺乏處理公共關係的文化資源。那種以仁愛之心爲起點，以天下爲公爲終極目標的道德號召是傳統社會道德精英文化的產物，而在現代社會，社會普遍的日常公共生活要求每一個公民首先要做到「有所守」的消極公德，這樣才能成爲一個能過上現代公共生活的合格公民，才會維護社會生活的基本秩序。從中西文明比較的角度看，國外對當代中國人公德素質的反映，並非認爲中國人沒有愛心，活雷鋒少，而是反感其大聲喧嘩甚至吵鬧、隨地吐痰甚至大小便、上下火車和飛機時前擁後擠，這些才是當代中國人公德意識缺乏的主要表現，而這恰恰是「有所守」的消極性公德素質。因此，陳弱水對社會公德的這種性質分類及其價值優先性的思考，不僅使我們從理論的層面進一步深入把握了社會公德的內涵與外延，而且對於我們進行社會公德建設，以何爲重點和優先提供了直接的啓發。

四、愛敬仁義：社會公德的精神根源分析

　　社會公德的精神根源和價值基礎爲何？以儒家內聖外王的思維，似乎一切有益於他人和社會的行爲都是從仁愛之心中開出的，陳弱水指出：「中國社會有一個重要的意念，就是價值的最終來源是人心，人的主觀善意。這個意念……歷史最久，地位最關鍵的，就是儒家思想中的『仁』」〔註6〕。從先秦

〔註5〕陳弱水，《公共意識與中國文化》〔M〕，北京：新星出版社，2006，第32頁。
〔註6〕陳弱水，《公共意識與中國文化》〔M〕，北京：新星出版社，2006，第37頁。

開始，儒家就有以「仁愛」為一切善的本源的思想，在後世，這個信念不但繼續存在於儒家內部，也廣為中國社會所接受。這個傳統代表的是一個注重心理狀態的倫理觀，影響所及，一些具有客觀意涵的道德概念，譬如「理」、「義」，在漢文化中也都高度內化了。不可否認，「愛」是任何公民倫理體系所不可或缺的精神價值和淵藪，愛能促成社會合作、互助，愛能促人積極參與群體生活，可是，「群體生活非常複雜，顯然需要其他的價值。除了『愛』，諸如理性、自制、禮貌、容忍、守法、誠實、知識、公平、正義、效益都不可少。我們似乎沒有理由宣稱，『愛』一定比其他價值重要。『愛』為什麼比『誠實』重要？一個慷慨捐款濟貧卻又大量逃稅的人算不算好公民？都是值得提出的問題」〔註7〕。從整體來說，群體生活中的價值應該多元而均衡。價值過於集中，容易導致重大的缺陷。「愛」基本上是主觀的，社會的規模很大，成員多為互不瞭解的陌生人，穩定的生活秩序的形成，必須依靠合理行為法則（法律、風俗習慣）的建立和遵行。即使從感情的角度看，「愛」也不見得是公民倫理最需要的情操，也許「尊重他人」即「敬」與公民倫理的關係更為密切。「愛」同「尊重」的性質有相當大的不同。愛是從主觀的感情外推的，具有某種特殊主義的意味，能普遍愛所有的人則可能是聖徒而非常人，另外，愛作為一種強烈的情感，也不易持久，可能會帶有佔有的欲望，也有犧牲的傾向。而「尊重」則是一種不干涉、肯定他人的態度，是一種平靜的心情。愛與敬可能並存也可能不並存。「尊重」比較容易發展成善待他人的習慣，與「愛」不同，「尊重」最能在「有所守」的消極社會公德方面發揮作用，而愛在這方面似乎難以充分發揮作用。大概所謂守法、守秩序、守規矩的所謂消極性社會公德多是以尊重為心理基礎，根本無須動用到愛心：如開車讓行人、少製造噪聲，於「愛」有何關係？尊重他人倒可能是必要的心理狀態。如上所述，社會公德在現代社會主要是處理陌生人之間的關係，對陌生人則都不認識又何談愛呢？實際上，只要做到尊重，不僅是重要的而且也是可行的。「在現代公民社會，尊重他人還有一個特別的意義。現代的民主憲政體制奠基於基本人權的理念，這種體制的首要原理是，社會對於集體福祉的追求，應以確保個人自由為前提。要使民主憲政的體制持續發展，精神得以維繫，個人權益必須成為生活中的重要價值。尊重他人的社會意涵，其實就是不侵犯他人之權益，如果這種態度普遍化，大多數人的權益就容易獲得穩固的保障。

〔註7〕陳弱水，《公共意識與中國文化》〔M〕，北京：新星出版社，2006，第42頁。

簡單地說，尊重他人的意態與現代社會中自由之維繫是息息相關的。」〔註8〕

在中國先秦思想史上，有一場「仁義內外」之辯。儒家特別是思孟學派主張義是從內發而非由外鑠的。這個主張可從孟軻及其門生與告子師徒之辯中看出。告子的觀點主張仁內義外。孟子主張性善，又以「仁」、「義」為人類道德的兩大支柱，因而有仁義內在的說法。近來，郭店竹簡中發現有明確表達仁內義外觀點的文字：「仁生於人，義生於道」；「或出於內，或出於外」〔註9〕《《語叢一》，第22、23簡》。這是非常明顯的「仁內義外」觀。又言：「仁，內也；義、外也；禮樂，共也。」〔註10〕《《六德》》這仍然主張仁內義外說。《呂氏春秋》曰：「善不善本於義，不於愛。」〔註11〕《《有始覽·聽言》》把「義」作為道德的根本原理，而且表示這種原理與「愛」即仁是不同的。《禮記》曰：「恩者，仁也；理者，義也；節者，禮也；權者，知也。仁義禮知，人道具矣。」〔註12〕《《喪服四制》》很明顯，在古代一般思想者的心目中，對「義」和「仁」的一個關鍵區別是，「仁」出於自然的感情，「義」為具有客觀性的道理，兩者都是道德意識與行動的重要基礎。

在孟子等堅持仁義皆內的人看來，義自然也是產生於人心中的羞惡之情感的，而在堅持仁內義外的人看來，仁產生於人心，而義則是產生於社會客觀秩序的義理。仁是基於人性之內的感情而生，而義則是因外在客觀的人倫關係而生，因此，義的根本在於一種客觀的倫理精神而不是主觀的道德情感。中國傳統的道德思維按照正統儒家思想都是循著內聖外王的路線，因此，特別強調仁義的內在性，甚至長期把仁作為全部道德的起點，認為只要人心中有愛就會解決一切社會道德問題，把社會道德歸因為個體道德，這種道德思維方式在今天來看是有很大缺陷的。中國倫理道德的起點不僅是仁，而且還有義，但長期以來，義的這種客觀性被思孟學派的心性論路線給消解了。今天，我們要非常重視「義」作為一種客觀倫理精神和社會倫理精神源頭的重要意義，在現代道德建設中，不僅重視內聖的心性論道路，而且要非常重視規範論的外治路線。而社會公德，按上面論述，它是社會普遍的秩序要求，即「有所守」，因此，它的價值基礎與動力根源應主要是「敬」與「義」

〔註8〕陳弱水，《公共意識與中國文化》〔M〕，北京：新星出版社，2006，第44頁。

〔註9〕荊門市博物館：《郭店楚墓竹簡》〔M〕，北京：文物出版社，1998。

〔註10〕荊門市博物館：《郭店楚墓竹簡》〔M〕，北京：文物出版社，1998。

〔註11〕呂不韋，《呂氏春秋》〔M〕，北京：華齡出版社，2002。

〔註12〕楊天宇，《禮記譯注》〔M〕，上海：上海古籍出版社，2004。

而非「愛」與「仁」。認識到這一點，對於中國當代社會公德建設也是非常
重要的。

（原載《河北學刊》2007 年第 6 期）

智慧、道德與哲學

哲學是「愛智慧」,「智慧」問題不僅是哲學所應關注的重要問題,而且也是每一位追求人生和道德智慧的人所關心的實踐問題,近來,學術界對智慧問題的研究日漸多起來了,本文擬在汲取學界成果的基礎上進一步討論智慧及其若干特質、道德智慧與人生智慧、智慧與哲學、中國哲學、倫理學的關係等問題,以資深化研究。

一、智慧及其特性

何謂智慧?有人說「智慧包含著對現在和未來的體察,對生命和生活的透視。」〔註1〕有人說「在日常用法中,智慧首先指與日常生活有關的那種明智,如對生死的理解、對生命目的的反思、對行爲方式的斟酌、對實踐事情的判斷和洞察以及對價值取向的決斷。」〔註2〕這些說法似乎都是對智慧的一種描述性定義,要給智慧下一個準確的定義似乎是一件很難的事,那麼,究竟何謂智慧?我們試圖通過揭示智慧的如下幾個特性來把握智慧。〔註3〕

第一,智慧是認識與實踐的統一。

要理解「智慧」,就不能不探討它與「知識」的關係。智慧雖然並不排除知識,但智慧與知識是有區別的。知識有時可能成爲智慧的養料,但有時「好像掌握知識的多少和智慧的深淺沒有直接的關係。眾所周知,不少『文盲』卻很有智慧。譬如,世界各地沒有書寫文字原住民,就是靠他們的長老口傳

〔註1〕金一南:《穿透時空的光芒》,《光明日報》2011 年 1 月 7 日,第 15 版。
〔註2〕張汝倫:《重思智慧》,《杭州師範大學學報》2010 年第 3 期。
〔註3〕參看拙作《中國道德智慧十五講》,北京大學出版社,2008 年版。

心授，把長期凝聚的智慧一代代承接下來的。就連公認的、極有智慧的人物也有不識字的，比如傳聞中的六祖惠能。⋯⋯儒家傳統裏有『知之爲知之，不知爲不知，是知也』的觀點，這才是眞正的智慧。」「陸象山曾說過，『吾雖一個大字不識，也可堂堂正正做人』。這至少說明了人格的培養不能全靠知識的積累來完成。」〔註4〕知識是對各種事物的認識和理解。它可以考證，可以傳授，可以通過多年學習生涯積累，可以通過「頭懸梁、錐刺股」的苦讀獲取。智慧卻不能。學貫中西，文通古今的人未必是智者，智慧不是知識多、心眼多，智慧要有遠見、有眼光，要求對事物和人生的整體性把握，要有長期和全面的觀點，舉一反三、融會貫通，有所創新，有所爲有所不爲。可見，智慧不離知識但又不等於知識。

知識是一種對外部世界純認知的態度，知識是關於整個外部客觀世界的認識成果，知識只是告訴我們事物是什麼樣的，而智慧則是一種涉及到人生主體實踐的、體驗的、覺解的態度，智慧會指導我們應當如何去做，智慧是實踐理性的表現形式，它不僅指理論的完善，而且也指實踐的完善。智慧不僅要涉及到認識，而且離不開實踐。只有把知識正確運用到實踐中去才能產生智慧。外部世界的純粹認知的愛智的思考探討，其目的仍然是爲了人類的實踐。知是爲了行，是爲了完美人性，實現人生目的。就如「知物」是爲了「用物」，「知人」是爲了「愛人」，「知天」是爲了「敬天」一般。

第二，智慧是眞理性認識與價值合理性選擇的統一。

眞理性是指一個判斷與客觀實際相符合，這也就是眞假問題。合理性則不同，它是指一個判斷具有充足的理由，合目的性或者說合乎情理，可以爲人們所理解或體諒，這是善惡問題。人類不僅要知道是眞是假，還得知道是對還是錯，是善還是惡。知識只能告訴我們眞假，只有智慧告訴我們善惡對錯。合理性所強調的不是判斷或認識與客觀實際的符合，而是能不能給所作的判斷提供令人信服的理由。合理性是一種比眞理性複雜得多的標準。眞理性所涉及的主要是主觀與客觀之間的一致性關係，它一般不考慮其他因素。合理性則涉及多種因素，是多種因素綜合考慮和權衡的結果。首先，這些因素不僅包括客體的屬性，功能與主體的直接需要、欲望的滿足關係，而且還包括這種滿足與人的總體的、根本的需要的滿足的關係。另外，這些因素不僅包括主體與客體之間的滿足關係，而且也包括許多其他方面，如時間、場

〔註4〕杜維明：《輕叩智慧之門》《光明日報》2011年1月14日，第15版。

合、年齡、性別、職業、民族、國家、習俗等等。這樣也就可以明白，知識為什麼是分析的、簡單的、清晰的，而智慧則是綜合的、總體的、覺解的原因。知識是理性的，而智慧也許是兼具理性和信仰的，「最深刻的思想是不可言傳的，故古人說「言不盡意」；最高的道是難以身傳的，故古人強調需要自己體悟；最高的智慧是超越理性和超越分析的，故古人強調需要全體的把握和本體的直觀。」〔註5〕因此，它是致廣大而盡精微，極高明而道中庸的，智慧的落腳點在生活世界，但其觀照卻在天人之際。

第三，智慧是普遍性與特殊性的統一。

從知識與智慧的表現形式和評價標準上看，知識具有普遍性、規律性、真理性的特點，而智慧則具有普遍與特殊相結合，規律與變異相統一等特點。現代的知識論認為，真理就是具有某種普遍性、可重複、有規律的東西，而智慧雖然不排除這種普遍性的知識，但卻是普遍性與特殊性的統一，比如，按儒家倫理普遍要求是「男女授受不親」，但當「嫂溺」時則要根據這種特殊情景施之於權而「援之以手」，這種經與權的統一就是一種智慧，如果在這一具體實踐場合，還一味的頑固堅持「男女授受不親」，置嫂子生命於不顧，那不僅不是智慧，而且是愚昧或沒有人性了。能夠在各種特殊的情況下作出正確的是非判斷和行動決斷才是智慧。那種一味唯書，按照普遍性的條條框框辦事的人不是智慧的人而是書呆子和教條主義。適宜、得當、中庸、時中才是智慧。

第四、智慧是能力、品質和境界的統一。

王蒙先生指出：「智慧，是指人的一種高級的、主要是知性方面的精神能力。『智』強調的是知識與膽識，是指能夠作出正確的判斷、估量、選擇與決策。『慧』主要是悟性，是對於是非、正誤、成敗、得失等的迅速感受與理解掌控。儘管智慧給人的印象首先是一種能力，但能力不可能完全脫離品質與境界。」〔註6〕智慧是人的智慧，智慧的特性固然要涉及到人的認識與實踐的關係，事實認識與價值選擇即真理性與合理性的關係，還有普遍性與特殊性的問題，更重要的從主體的素質的角度看，它是人的能力、品質和境界的統一。王先生正確揭示了智慧是人的能力、品質和境界的統一。不過他的觀點仍然可以在此做一些補充完善。智慧作為能力和品質，不僅是一種認知的理

〔註 5〕焦國成：《智慧四境界說》，《新華文摘》2010 年第 20 期，第 45 頁。
〔註 6〕王蒙：《說「知」論「智」》，《光明日報》2011 年 1 月 7 日，第 15 版。

性能力，而且還包括人有感情能力即敏感程度和善惡性質，這也就是我們平時所說的「情商」高而不僅是「智商」高，另外，王先生也認識到智慧不僅是「知識」而且也是「膽識」，這裡所說的膽識實際上就是人的意志品質。有膽有識是謂英雄，有功有德是謂聖賢。劉邵《人物志》中有「英雄」一文，明確提出「聰明秀出謂之英，膽力過人謂之雄」的論斷，這就是說，所謂「英」即是聰明，所謂「雄」即是膽力。「英」與「雄」的關係就是「明」和「膽」的關係，二者是相輔相成的。只有兼備二者，「各濟其所長」，為「文武茂並」者，才謂為英雄。英雄只能創大業，行霸道，成為齊桓、晉文式的人物，而不能致太平，行王道，成為堯、舜、禹、湯、文、武、周公這樣的聖王。在劉邵看來，聖人是明易象、敘詩書、制禮樂、行教化道德於天下的人；一個智慧的人不僅要有決斷的能力，而且要有敢作敢為的行動力，因此，合人的知、情、意、行諸能力就構成人的品質或稱「德商」，因此，一個智慧之人是智商、情商或德商都高的人。這裡的「品質」一方面可能是指人的綜合素質、教養，主要是指人的道德品質。而這裡的「境界」是指一個人的人生覺解和修養的疆界和層次、水平。在中國文化看來，如果一個人僅有知識和能力，而沒有德性，恐怕不會具有人生智慧，而且還會給自己帶來生命危險。司馬遷在《史記‧老子韓非列傳》中記載，老子送給孔子的臨別贈言便是「聰明深察而近於死者，好議人者也。博辯廣大危其身者，發人之惡者也。」這句話是說，一個人聰明，明察秋毫，更容易招來殺身之禍，因為他好議人。一個人知識廣博，能言善辯，卻時時處在危險之中，這是因為他喜歡揭發別人的隱私。因此，單純有知識和能力不僅不能給人們帶來人生智慧和幸福，而且知識越多、能力越強，反倒會給自己帶來危險。真正的大智慧是一種不損人而利人的德性，也是一種如老子所說的「無己」的境界，德性是智慧之巔，智慧是知識、德性與境界的統一。

二、道德智慧與人生智慧

從上面對智慧及其特性的討論中我們已經看到，智慧作為人生的實踐、價值的選擇，作為普遍與特殊的權衡，作為人的能力、品質與境界，智慧總是與倫理道德相關，道德智慧是智慧的主要形式。換句話也可以說智慧所具有的特質，道德智慧都具有，儘管如此，我們還是要繼續探討什麼是道德智慧？道德智慧與人生智慧又是什麼關係？

　　要討論道德智慧，首先應該明確道德這個概念及其適用範圍，因爲道德智慧無非就是「道德的智慧」。狹義的道德僅是指道德規範和美德，但廣義的道德觀包括人生觀和價值觀。在中西方的傳統哲學中，人生哲學問題、價值哲學問題都是歸屬於倫理學或者哲學價值論的，雖然隨著現代哲學知識的不斷豐富和分化，人生哲學與價值哲學都成爲某些哲學家專門的研究領域，但實際上，人生觀、價值觀、道德觀仍然是緊密聯繫著的。道德是一種實踐理性和實踐智慧，它告訴我們如何過一種善和幸福的生活？如何正確的行動？要做什麼樣的人？應該履行什麼樣的義務？要具有何種美德？這些問題的解決離不開人生實踐、價值觀選擇，也離不開人倫關係的處理和自己的修身養性與安身立命。

　　倫理無法離開人生，人生也不能沒有倫理。道德是人的道德，也只有在人的社會生活中才有道德，要眞正能夠正確的行動，要做一個好人或君子，是以對人生問題的正確覺解相聯繫的，因此，人生觀實際上成爲道德觀的主體認識前提。正確的行動和美好的品質都是建立在對「善」和價值的正確認識的前提下的，因此，價值觀是正確的道德行爲和美好品質的價值前提。一個無可爭辯的事實則是，在歷史上，倫理學處於哲學價值論的核心地位。離開了對善惡止邪的價值判斷、人類和社會生活的普遍價值標準、理想與價值目標的探索和追尋，那麼，倫理道德也就失去了其價值基礎。規範系統的建構總是以價值的確認爲前提：人們首先是根據價值形態來規定行爲的規範和評價的準則。「什麼應當做」，與「什麼是善」之間存在著內在的一致性，惟有對善與惡有所認定，才能進而形成何者當爲，何者不當爲的行爲規範。在某種意義上可以說，道德與人的整個生活方式和生活態度有關，我曾提出一種道德觀，認爲「道德是主體基於自身人性完善和社會關係完善的需要而在人類現實生活中創造出來的一種文化價值觀念、規範及其實踐活動。」〔註7〕

　　根據以上的分析，我們認爲「道德智慧」的內含或主要內容可以概括爲如下四個方面：人生覺解、價值澄明、知世明倫、修身立命。

　　人生覺解：道德是一種滲透於人生和社會關係諸方面的社會現象，道德作爲人的道德主要是以人的內心信念作爲維持手段的，因此，道德作爲一種精神力量，其深層動力來自於主體的一定的人生觀和堅定信念，因此一個有道德智慧的人必然是「究天人之際，觀古今之變」，對天道、人道都有深刻的

〔註 7〕參見拙著：《倫理與傳統》，北京：人民出版社，2006 年，第 9 頁。

瞭解和清醒的自覺。比如，儒家有「三才」之說，天居於上，地承於下，而人居其中，與天地合德。因此，人應效法天地的某些特性來選擇自己的行為方式。《易傳》有言「天行健，君子以自強不息，地勢坤，君子以厚德載物」。「天行」，天或自然的運行，「健」：即強壯、剛健，它是乾卦也就是天的特性和品格。「君子以」是「君子應該」的意思。《說卦》說：「坤，順也。」「坤為地」，所以坤代表地，地具有柔順承天，博厚載物的品性。這兩句話曾被張岱年先生看作是中華民族精神的集中體現，旨在強調人應效法天地之道，自強不息，有為奮進，此是君子的立身之本；同時還應像大地一樣，具有博厚的胸懷，承載萬物，包容眾有，此是君子待人接物之方。正如王夫之所說：「以『自強不息』為修己之綱，以『厚德載物』為治人之本，故曰：乾坤其《易》之門戶，道從此出，德從此入。」〔註8〕儒家的人生態度最核心的就是這樣兩點：即剛健有為，自強不息，厚德載物，寬容待人。儒家的這種基本人生態度實際上就是它的基本道德精神，可見，只有對儒家這種積極入世的人生觀有所覺解和體認，才會信奉弘揚儒家的自強精神，厚德精神。如果不是積極入世的態度，那就不會重視道德。比如，道家堅持道法自然和道常無為的人生觀，因此，它們就不主張人為的道德，而是追求一種自然無為、超越自由的生活境界。可見道德智慧首先是對人生大道的覺解，它可以從根本上決定我們人生實踐中的道德精神和道德選擇。

　　價值澄明：用「澄明」似乎已經在說一種道德智慧的境界了，實際上作為一種動態過程的道德智慧，也可以說是不斷的「價值澄清」活動。道德作為一種實踐理性，實際上是人們一種實踐的價值選擇意識亦即善惡意識，它是不同於對事物認識的真假意識和審美的美醜意識的。一個積極投身社會生活的人，一個追求道德智慧的人，總是要能夠分清是非善惡，才能稱得上有道德智慧，而不能像莊子那樣「齊彼是」、「齊是非」、「齊善惡」，這是由他的特有道德觀所決定的，即「道未始有封」、「德者成和之修」。這種相對主義的善惡觀是他不辨差別，齊生死、忘物我的人生態度的體現，不失為一種人生智慧，但卻不能被看作是「道德智慧」，而是一種「超道德智慧」。道德智慧總是要分清是非善惡，這就像儒家所堅持的「以德報德」、「以直報怨」，這是要分清是非的，要賞罰分明的。而不是像一些宗教那樣「以德報怨」、「別人打你的右臉，你把左臉也給他打」，這也許是一種更為超越的「宗教道德智

〔註 8〕王夫之：《周易內傳》，鄭州：中州古籍出版社，2004 年版，第 394 頁。

慧」，卻不是我們每個庸常之人所能做到的。「道德智慧」的價值澄明不僅包括認知評價上的「價值澄清」活動，而且還包括實踐意義上的價值選擇。光有認識不能落實爲實踐，還不能把道德智慧堅持到底。生活中時時存在著很多道德的選擇，如道義與利益、群體與個體、理想與現實、理性與欲望等等的選擇。道德智慧就是在人生日常行爲和關鍵時刻都能做出符合道義的正確選擇。如人的生命是寶貴的，也是人的最大利益，但當它與道義發生嚴重衝突，不能兩全時，儒家卻鼓勵人們要「殺身成仁」、「舍生取義」。「富與貴，是人之所欲也；不以其道得之，不處也。貧與賤，是人之所惡也；不以其道得之，不去也。」（《論語·里仁》）孔子倡導並堅持「義以爲上」的價值觀，他雖承認富與貴是「人之所欲」，但認爲對富貴的追求應該合乎道義的要求，不可違背道義去追求富貴：「不義而富且貴，於我如浮雲。」（《論語·述而》）因爲一旦僅僅以利本身爲出發點，而不以義去約束利，則往往會導致不良的行爲後果：「放於利而行，則多怨。（《論語·里仁》）所以他一再強調要「見利思義」《論語·憲問》，「見得思義」（《論語·季氏》），並且把這看作一項基本的道德要求。孟子則認爲「非其道，則一簞食不可受於人；如其道，則舜受堯之天下，不以爲泰。」（《孟子·滕文公下》）總之，道德智慧，要求人們能夠做正確的價值觀選擇。近年來常看到許多貪腐的高官層級不僅有省級，還有副委員長層級的，因爲貪腐也就是爲了錢財而丟了腦袋，常常爲此感歎，這些人能到這種高位，他們的「智商」和人生權謀可能都是很高的，可是他們都是缺乏「道德智慧」的人，因爲他們在義利觀問題上未能做出正確選擇，可見道德智慧對人生是非常重要的。

知世明倫。知世故、明人倫是道德智慧的又一重要方面。所謂「人世」也就是人與人組成的現實社會的人倫關係，道德智慧無非是一種審時度勢，善處人際關係的明智。俗語說：「世事洞明皆學問，人情練達即文章」，我理解這句話是道德智慧的「知世明倫」的樸素表達。在中國語境中，所謂「學問」主要是做人的「爲己之學」，所謂「文章」是與道德相聯繫的「道德文章」。是「尊德性而道問學、極高明而道中庸」的統一。

知世故要求人們能夠審時度勢，知先後、掂輕重、擇緩急，體現爲實踐過程中的明智恰當。「識時勢」就是通常所說的「審時度勢」，也就是道德主體在行道過程中對於「道」之行與不行的現實性及可行性的客觀條件的判斷。孔子曾經說：「天下有道則見，無道則隱。」（《論語·泰伯》）「邦有道，則仕；

邦無道，則可卷而懷之。」（《論語・衛靈公》）也就是說，智者要善於判斷究竟形勢是否適合行道，可行道則出來當官，不可行道則隱居以養志。在孟子看來，孔子正是具有「識時勢」之智德的典範，「孔子，聖之時者也。孔子之謂集大成。」（《孟子・萬章下》）孟子說：「可以仕則仕，可以止則止，可以久則久，可以速則速，孔子也。」（《孟子・公孫丑上》）正所謂「識時務者爲俊傑」，也就是說一個大仁大智大勇之人不僅是胸懷高遠理想和道義原則的人，而且也是能夠瞭解客觀情勢，掌握運命與時機的人，所謂「時勢造英雄」，也就是說他們高於凡人的地方不僅在於他們有仁以爲己任，天下爲公的胸懷，也具有審時度勢，順天應人的智慧，這樣才會成事，利國惠己。而僅有仁德而無審時度勢之智，就會空有報國報民之志，而壯志未酬身先去，這樣最終也不會利民利國。同時還要有判別輕重緩急的意識，明白當下之務。真正具有智德的人，在具體的道德境遇中，能夠權衡利弊得失，分清輕重緩急，知道先後順序，迅速判斷當下應該完成的最重要的任務。

所謂「明人倫」就是要求我們瞭解自己與他人、與環境的關係，善識人。孔子有時甚至將「知人」作爲「知」的定義，樊遲問「知」，孔子回答說：「知人。」（《論語・顏淵》）在孔子看來，所謂「知人」，主要指正確地認識人、客觀地鑒別人、清醒地理解人。「知人」也就是「辨識人之誠僞、善惡、智愚、賢不肖。」〔註9〕道德智慧不僅要求能知人，而且還能夠與人進行友好的交往，與人爲善，善處人際關係，不失原則，不做鄉愿之人，但又能與人保持友好和諧的關係。應該對自己的身份與角色有高度的自覺，有責任感，義務感，知所當爲，有所不爲，根據自己在人倫秩序中的地位，來正確行動，既要「非禮勿視、非禮勿聽、非禮勿言、非禮勿動」，又要「當仁不讓」，勇於承擔，盡倫盡份，修身立命。這類道德智慧主要是解決如何做人，如何過一種好生活的問題，其內容在我看來主要是知己的明智、修己的實踐和安身立命的境界。具有自知之明，正確地認識自己，被儒家看作是比「使人知己」、「知他人」更爲高明的德性，儒家將之視作君子的基本德性之一。這一見解與儒家強調的「反求諸己」思想是相一致的。《老子》第三十三章：「知人者智，自知者明」說的也是同樣的道理。所謂「自知」，主要是對於自己的德性、能力大小及優缺點有清醒的認識。正確認識到自己的德性、能力和優缺點，方能不妄自尊大、不好高鶩遠，亦不妄自菲薄。孔子說：「文，莫吾猶人也，躬行

〔註 9〕陳立夫：《人理學研究》，臺北：臺灣中華書局，1975 年，第 360 頁。

君子，則吾未之有得。」又說：「若聖與仁，則吾豈敢？抑爲之不厭，誨人不倦，則可謂云爾已矣。」（《論語‧述而》）孔子的這些說法正是「自知之明」的生動體現。「人貴有自知之明」。有自知之明的人是一個充滿道德智慧的人，知人難，自知更難，因此，這種自知的道德智慧也需要在人生的長途中，在與人的交往中不斷的提高。

知己是道德智慧的認識活動，而修身則是道德智慧的實踐活動。修身不僅需要學、思，而且還重在習、行。一個有道德智慧的人必然是有高度的道德修養自覺性的人，化德性爲生活，培養自己的人格，形成自己文明優雅的生活方式，從而達到安身立命的人生境界。那麼，何爲安身立命的人生境界？在我看來主要體現爲：第一，知命、立命的人生定見。孔子說的「不知命，無以爲君子」（《論語‧堯曰》）。第二，獨善其身的道德追求。「修身以見世」。第三，安之若素的行爲方式。《中庸》有言：「君子素其位而行，不願乎其外，素富貴，行乎富貴；素貧賤，行乎貧賤；素夷狄，行乎夷狄；素患難，行乎患難；君子無入而不自得焉。在上位不凌下，在下位不援上，正己而不求於人則無怨。上不怨天，下不尤人。故君子居易以俟命，小人行險以徼倖。」第四，心安情樂的精神狀態。心安就是由於他們對自己的命運有清楚的認識，對自己的行爲有良好的自控，對自己的道德有高度的自信，對自己的人格操守有充分的自尊，因此在心理上形成了一種心平如境、不假外求、安之若素、怡然自得的平和狀態，用現代話說就是他們心理特別平衡，按伊壁鳩魯的話說就是「靈魂的無紛擾」。不僅如此，他們的精神狀態是快樂的，得志時，樂其政，不得志時，樂其道。俗語「君子坦蕩蕩，小人常戚戚」就是對這種狀態的最簡明的概括和認同。〔註10〕

道德智慧與人生智慧是有密切聯繫的，這是因爲道德是一種總體性、全體性的人生事象，人的道德智慧總是在人生過程中追求並實現的，但二者也有其範圍大小和性質殊異。所謂「道德智慧」在性質上僅是指向善的價值的智慧，而人生智慧包括不包括那種趨向於惡的奸智尚可討論，但有很多中性的智慧則肯定可以算是人生智慧卻不能算作是道德智慧。馮友蘭先生在其《新原人》一書中將人生的境界分爲自然、功利、道德、天地四個境界，在我看來，處於道德、天地境界的人由於他們的人生實踐是行義的、盡倫盡職的；參天地之化育，盡心知性知天進而事天、樂天、同天，對人生有高度的覺解，

〔註10〕詳見拙文：《儒家的安身立命之道》，《哲學研究》2010 年第 2 期。

可以達到「從心所欲不逾矩」，自然是事事皆合宜恰當，因此，自然可視爲是道德智慧境界了。而前兩個人生境界的人，「自然境界」的人是循自然本性和社會習俗而行的人，「功利境界」的人是求名求利的人。這些行爲是一種自然的、功利的非善非惡的人生現實活動，在這個過程中，也需要很多達成相關人生目的的智慧，這種智慧不能算作是道德智慧，卻是人生智慧。比如，人們爲了生存，要求富，就要有商人的精於計算，長於經營的智慧，有的人爲了求得更大的政治利益，獲得高位，玩弄權術，長於管理，這也雖非道德智慧，卻是一種人生智慧。這種智慧有時可能在道德善惡性質上是中性的，是非善非惡的，比如，「權術」也可能用於道德的政治目的的達成，也可能服務於個人或團體利益的達成。我們不能因爲道德智慧而否認這種智慧的存在及其價值。焦國成教授在其「智慧四境界說」一文中就把智慧分爲第一種境界：崇尙聰明和知識的智慧；第二種境界：崇尙權謀和技巧的智慧；第三種境界：崇尙道德正義的智慧；第四種境界：崇尙本眞和超越的智慧。該文所說的前兩種境界顯然屬於人生境界還不屬於道德境界，第四種屬於是一種人生的宗教覺解的境界，由於其實現了對人生全體而系統的把握，不會導致惡的價值，因而類似於我們所說的「人生覺解」的道德智慧。而焦文則正確指出了崇尙道德正義的道德智慧是一種「正智」，「這種智慧重在知是知非、知善知惡、知可知不可。」〔註11〕張汝倫教授傾向於認爲智謀不是智慧。他說：「智慧與謀略的另一個重要不同是智慧具有德性的內涵。謀略或計謀是不講是非，只講成功，是一種典型工具理性的產物，而智慧則不然，智慧總是與德性相關，與價值理性爲鄰。」〔註12〕道德智慧的本質在於他是堅持正義原則，善惡是非原則，它雖然並不全然排斥利益，但卻是超功利的，認爲堅持道義所獲得的利益才是長遠利益，才令人心安理得，才會促進人生的幸福和社會的和諧，而功利智慧的所謂「聰明」有可能「反被聰明誤」，用權謀機巧所獲得的利益可能是暫時的，是有一利必有一害的。道德智慧是仁以愛人，義以正己，以德服眾，以德修身，以德見於世，以德安身立命的。

強調智慧的道德性自是沒錯，但在我看來不應據此否認中性的工具理性或計謀作爲人生智慧存在的價值。或者說人生智慧與道德智慧是一種種屬關係，一方面我們應該強調道德智慧作爲人生正智和大智的價值，但也不能全

〔註11〕焦國成：《智慧四境界說》，《新華文摘》2010 年第 20 期，第 45 頁。
〔註12〕張汝倫：《以智慧之名把握人生》，《光明日報》2011 年 5 月 27 日第 15 版。

然否定中性的、計謀的、工具的甚至是生存的人生智慧的獨立存在價值。

三、智慧與哲學、倫理學

哲學的本性是「愛智慧」，而非僅僅是愛知識。所謂愛智慧是說我們不僅要通過對世界萬物的認識而獲得真理，而且要在此基礎上通過實踐、體悟，不斷的獲得人生的智慧和人倫道德的智慧。

哲學的本性究竟僅是一種認識論基礎上求真理的知識活動呢？還是通過認識和實踐的統一而追求一種人生的智慧和道德的智慧呢？顯然，人們需要哲學最終的目的不僅僅是為了認識，而且是為了實踐，不僅是要增強知識，而且要增長智慧。

這種愛知識和愛智慧的傳統在西方哲學史上都有哲學家主張，唯理智主義的重知識傳統恐怕是其主流，但也不乏「愛智慧」的追求。近期，有學者提出，古代西方從希臘化時期哲學範式發生了很大轉移，其核心是把倫理學視為第一哲學，在這之前，是把形而上學作為第一哲學，即使從蘇格拉底之後，提出哲學要研究人及其倫理，但倫理論證仍然極大地依賴於知識論證，這即是著名的「德性即知識」的命題。「希臘化哲學卻轉而以倫理學為第一哲學，知識論、形而上學、自然哲學和邏輯學都以倫理為其目的，知識論證只是倫理論證的技藝，而不構成倫理的固有內涵。希臘化哲學認為哲學之為倫理在於去除靈魂的疾苦，擺脫生命的災難，享受而不是空談美好生活。」在希臘化哲學這裡，哲學不是為了滿足理性純粹知識的探究，而是為了分辨善惡的目的，滲透德性關注。知識不再如古典希臘哲學那樣被視為德性的內在要素，而只是工具和途徑，倫理是哲學的目的，真理之問須以倫理之問為目的，因為哲學就是一種生活方式的展開。以倫理為中心的探究才真正看見哲學的益處，以善惡為依據理解知識論證，可以避免空虛無用的知識追求。〔註 13〕康德也曾經說過：「由於道德哲學與其他一切哲學相比所擁有的這種優越性，在古人那裡，人們在任何時候都把哲學家同時並且尤其理解為道德學家。通過理性而自制的外部表現甚至使得人們即便在今天也按照某種類比稱某人為哲學家，即使他的知識有限。」〔註 14〕這也就是說哲學研究的最終

〔註 13〕章雪富　石敏敏：《倫理學作為第一哲學——希臘化哲學的範式轉移》，《中國社會科學》2011 年第 1 期，第 48 頁。

〔註 14〕康德：《純粹理性批判》，李秋零譯，北京：中國人民大學出版社，2004 年版，第 614 頁。

目的是尋找實踐和倫理智慧，即使知識有限，但如果他充滿人生和道德智慧，仍然被看作是哲學家。

從中西文化比較的角度看，中國文化是一種崇尚禮樂，講君子修養，重視人倫秩序、道德本位的文化。而西方人自希臘文明始，即重視數理，講客觀規範、社會組織，知識居先而以理性為本。因此，西方哲學與文化素有科學主義和知識論傳統。知識、科學、技術的進步，確實為人類帶來了物質文明的發達和物質享受的舒適，卻使人的精神、情感出現了前所未有的空虛和迷茫。知識與技術成為支配人們的主導力量和話語霸權，同時我們也為它所奴役、所控制。「在這種情形下，人的精神就萎縮了，哲學失去了它的根據地，不能再過問價值問題，只好去研究邏輯和思考方法，為科學服務，結果淪為對自己所使用的工具（語言）的檢查（如維特根斯坦）。哲學宣告死亡。時代要拯救哲學。」〔註15〕因此，現代西方的一些哲學家如胡塞爾、海德格爾、伽達默爾、哈貝馬斯等人無不對科學獨尊的局面深感憂慮，認為這是一種文化或精神危機，均對科學主義的弊端提出批判。如胡塞爾要我們重新回到「生活世界」，海德格爾認為「存在」不應僅僅成為認識的對象，而且要親征「存在」。伽達默爾認為人的精神活動不僅是事實問題，人們需要通過交往、通過文學藝術而非科學，才能拯救現代人精神的沉淪。哈貝馬斯更是強調通過人的交往、溝通來達成「共識」。這些對科學主義和知識論的反思旨在引導人們重視實踐、重視交往，重視生活的智慧探討，這才是哲學之本義，而非僅僅局限於對知識和真理的追求，甚至淪為科學的工具。

現代中國哲學由於受到西方哲學史上的唯理智主義的知識論傳統的影響，而漠視中國哲學的重實踐、重智慧，重心性修養的傳統，人們熱衷的是知識問題或本體論問題。「在現代世界，知識已經成了一個帶有絕對正面意義的東西，人們在推崇和追求知識的同時，卻沒有對現代知識形態和知識本身有足夠的省視。現代意義上的知識總是局部的、專門的、條塊分割的、甚至是技術性的。現代知識標榜價值無涉，只是對事物的「客觀」認識，即便是人類事務，也被這種知識規範當作「物」來研究。人生活的方式、目的、態度、質量和意義，則完全被這種意義的知識排斥在外。人最重要的問題——如何活，不關知識的事！知識的增進不但沒有從整體上增加人類的幸福，反

〔註15〕霍韜晦：《新時代·新動向》，北京：中國人民大學出版社，2010年版，第16頁。

而使地球上的生命，包括人類生命，陷於空前的危機。」〔註16〕張汝倫先生對現代哲學的這種批判是非常深刻的，他還認為，只有恢復智慧在哲學中的核心地位，哲學才能恢復它的活力。人類面臨的種種根本問題，只有靠智慧，而不是知識，才能找到正確的答案。

而在中國哲學中，向來是重視實踐和智慧的。在中國哲學中，「智慧」二字作為一個詞早在《墨子》、《孟子》《荀子》中就已經出現。「智慧」也寫作「智惠」，單獨一個「智」字也有「智慧」的意思。在古漢語中，「知」與「智」通，《釋名・釋言語》：「智，知也，無所不知也。」西方的「智慧」概念也有「一切知識」的意思；在發生學意義上，在中國古代哲學中，智也是從知發展而來的，在甲骨文中和青銅器銘文中，智被寫成由「矢」和「口」構成的「知」，即象徵著一個人像飛矢一樣快速地獲取知識。但中國哲學中的「知」卻並非對事物的純粹認識，而是多少含有「實踐」的意思。因為中國之「知」力圖化解各種人生困惑而知天樂命、參透人生，無意為人類提供一種「征服自然」的力量，這就使自然之知與人事之智完全合一了。中國哲學具有知行合一的特點，也使得其「知」的概念與西方近代的「知識」不可能完全契合；「知」在中國雖也有純粹知識的意思，但更多的是指智慧，「知」或「智」都有不僅指一個人有知識而且有智慧。也就是說它不是僅指人有「聰明」，它總是與人的整個的生活方式和生活態度有關，帶有明顯的倫理（實踐）相關性。甚至認為，「智慧來源於一個人所具備的美德的力量，當一個人的自我修養達到最高點時，他就能夠獲得天與地、過去和將來的相關知識。從這種意義上我們可以確信，對多數大儒來說，他們的遠風卓識來自於對德性的存養，他們的先見之明得益於對內的修養而非對外的洞察。」〔註17〕在道德與知識關係上，西方人認為知識就是道德，而中國人則認為道德就是智慧。德性不僅是智慧的來源，而且智慧本身就是一種德性。如中國之智德是「五常」德之一，它決不僅僅是聰明，而是相反大智若愚，是對生活的根本性洞見和澄澈無比的精神狀態。智慧不是像理智那樣的中性能力，而首先是一種道德認識和道德實踐的能力。智慧就是對如何生活和怎樣生活的洞見與判斷，是對倫理秩序朗然於心。孟子將「智」定義為「是非是心」，董仲舒認為：「仁而不智，則愛而不別也。」這都是把智慧看作是判斷善惡是非的能力，智慧是正

〔註16〕張汝倫：《重思智慧》，《杭州師範大學學報》2010年第3期。
〔註17〕姚新中：《智者樂水：早期儒家的傳統智慧觀》，《齊魯學刊》2004年第2期。

確行為的指導，智慧不是一般的聰明才智，而是一種整體的實踐能力，智慧就是得道，得生活實踐之道。這種生活實踐之道，不僅要依靠理性認識，而且要依賴體會、覺悟。如天道不屬知識，只能體會，體驗與領會合在一起，是為體會。作為一種實踐智慧，不僅是體會，更是身體力行。不能付諸實踐，不能見諸行動的智慧其實還是知識，至少無法從根本上有別於知識，彌補知識之不能和不足。對於人類的生活實踐來說，是非判斷往往不難得出，難的是按照正確的是非判斷的結論來行動。中國的智慧不僅僅是一種認知的能力，而是一種生命的體驗；它不是通過智慧的力量而是通過傑出的道德品性得以表現；儘管它具有理性的尺度，但它更是一種德性。

　　以追求人生與道德智慧為宗旨的中國哲學與西方占主導地位的惟理智主義的知識論哲學有很大的不同。當代著名學者韋政通先生對中、西方哲學的差異，有清醒的認識：「西洋的哲學偏向的是精確的概念定義，清晰的邏輯推理、嚴密的理論證明等，而中國哲學這方面比較差，中國的哲學跟西洋的很不同。中國哲學注重的是精神修養……中國哲學原來的精神就是一種生命體驗。」〔註 18〕這也就是說，中國哲學與西方哲學的不同就在於西方哲學重知識，而中國哲學重修養，西方哲學重理解，而中國哲學重體驗。這種觀點新儒家的一些前輩人物也有類似看法。如熊十力先生雖然在現代中國建立了他的本體論、宇宙論的哲學體系，但同時，他強調個人的生命即是宇宙生命，人只有通過內心涵養才能在內心中使真理開顯，哲學不是單純的知識學問，而是涵養澄明的學問。梁漱溟則更加強調中國思想的特殊性，甚至認為儒學根本不是哲學。他說：「至如儒家身心性命之學，不可等同於今人之所謂『哲學』。」〔註 19〕認為儒門之學「只是踐形盡性而已」，東方古學「反躬於自身生命，其所務在深澈心體」〔註 20〕，認為孔子和儒學非知識之學，非哲學玄想，是「人生實踐之學。」〔註 21〕這種觀點是否周延，尚可討論，但起碼突顯了中國儒學之不同於西方哲學的特點所在。

〔註18〕 韋政通：《韋政通八十前後演講錄》，武漢：華中師範大學出版社，2009 年版，
　　　　 第 111、129、127～128 頁。
〔註19〕 梁漱溟著：《梁漱溟全集》第八卷，濟南，山東人民出版社，1989 年版，第
　　　　 315 頁。
〔註20〕 梁漱溟著：《梁漱溟全集》第七卷，濟南，山東人民出版社，1989 年版，第
　　　　 849 頁。
〔註21〕 梁漱溟著：《梁漱溟全集》第七卷，濟南，山東人民出版社，1989 年版，第
　　　　 332 頁。

關於中國哲學的身份、方法、標準等問題，劉笑敢先生認為：「中國哲學的身份、性質和方法問題。我最新的提法是兩種身份、四種角色。即是說，中國哲學這個術語同時代表「現代學術」與「民族文化」兩種身份。前者同時擔當現代學科和世界文化資源兩種角色，後者同時擔任民族文化的主體和個人修身養性的精神指南。」〔註22〕劉先生的這種觀察和理解準確、客觀，深有啟發。應該看到，用西方哲學框架和概念來解釋中國經典的「反向格義」，作為現代學科的中國哲學研究路子在大陸學界仍然佔據主流地位，劉先生也知道這種情況是一時半會也難以改變的，但至少他提醒人們注意這兩種身份、定位的不同，決定了其目標、方法和標準的不同。

李鵬程先生認為，我們從 20 世紀第一個十年開始在中國的學術話語中開始使用「哲學」這個詞，是想做兩件事：一是介紹西方的哲學，二是用它來整理中國人的思想，任何哲學都必然是屬於某一種文化的，簡單用西方的哲學模式來規範中國思想的方法，「肢解了中國思想的原生結構和其歷時性的文化系統性。」「直至目前，人類還沒有一種共同的、普遍的哲學」〔註23〕，因此，我們應該在弘揚中華文化的過程中，努力突顯中國哲學的特質。我們也無意顛覆近百年來形成的學統，只是在復興民族文化，建立民族自信心之時，在討論中國哲學合法性問題的時候，真正能夠弘揚我們的民族特色，說自己的問題，用中國人的話語方式，建構弘揚自己的價值觀和生活方式，使哲學研究面向中國人的實踐、面向中國人的生活、面向中國廣大民眾，重新回到「愛智慧」的道路上來，使哲學研究特別是中國哲學研究不僅停留在「愛知識」的層次上，而應該努力探討民眾生活所需要的人生智慧和道德智慧，讓我們繼續行進在「愛智慧」的不斷探索的哲學之路上……。

作為哲學分支的倫理學更是一種意志哲學、實踐哲學、價值哲學。倫理學以其實踐性、價值性思考成為眾多哲學家研究的最終目標。哲學思考的最終目的是為了增強人們的生活智慧，解決他們的人生實踐問題，而不僅僅是獲得一種知識，倫理學就更是如此。這是由道德的實踐性與價值性的特點所決定的。道德作為人類在實踐中創造出來的文化價值觀念和規範，必然源於實踐，離不開實踐並要指導實踐，它是實踐精神，這就意味著，它是寓於實

〔註22〕劉笑敢：《四海遊學散記》，《中華讀書報》，2011 年 2 月 16 日，第 15 版。
〔註23〕李鵬程：《論文化哲學的中國資源及其世界意義》，《光明日報》2009 年 3 月 17 日，第 11 版。

踐中的精神，精神指導下的實踐，精神與實踐的密不可分、二位一體，知行統一甚至是知行合一，鮮明的實踐性是道德的重要特點。因此，倫理學研究就不僅是要獲得一種真理性認識，而且要獲得一種價值性規範，不僅是認識，而且更要實踐。知行合一，情理交融、知情意行的統一，這恰恰是道德的根本特點。明理只是德行或德性的一個前提，並不等於德行或德性。離開了情感的熱愛，意志的執行和堅持，行為的實踐與習慣，僅憑道德知識是無法成為一種道德德性的。「知道」並不等於「意願」或「願意」，也不等於「熱愛」和「實行」，倫理養成不僅是學，而且是習，而且更重要的是習，如果說，中西方倫理學都強調其實踐性，那麼，中國倫理學就更加突出的強調這一點。哲學應該愛智慧，倫理學就更應追求認識與實踐相統一、事實與價值相統一、普遍與特殊相統一、能力、德性與人格相統一的道德智慧。

（原載《北京大學學報》2012 年第 1 期）

論道德智慧四題

一、追尋智慧

人性的完善和生活的幸福都離不開智慧，因此人們都在不斷地追尋智慧。哲學家們甚至以「愛智慧」或追尋智慧為己任。

智慧是我們日常生活中最常用的詞，但要問何謂智慧，人們似乎又都說不明白。有人說，「智慧包含著對現在和未來的體察，對生命和生活的透視」；有人說，「在日常用法中，智慧首先指與日常生活有關的那種明智，如對生死的理解、對生命目的的反思、對行為方式的斟酌、對實踐事情的判斷和洞察以及對價值取向的決斷」。這些說法似乎都是對智慧的外在表現範圍的一種描述，並沒有給智慧下一個準確的定義，或者給智慧一個質的規定性。

那麼，究竟何謂智慧？在我看來，智慧是人的智力（或智商）、情感力（情商）、道德能力（德商）的統一，是人對外部世界真善美的一種全面把握能力，是能力、品質和境界的統一。

馬克思曾經描述了人對外部世界的幾種主要關係或把握方式，即基於人的理性的思維或認識關係、基於人的情感的藝術和宗教關係、基於人的意志的實踐即道德、法律關係。在人與外部的這三種關係中，作為群體性的成果就是所謂的「文明」，即通過認識的成果——科學或技術來認識、改造客觀世界以取得物質文明，以藝術和宗教來勉慰人們的情志以提高人的情操與境界，以道德和法律來調節人們之間的社會關係以維持社會秩序與和諧。而智慧就是人通過上述知、情、意三方面的精神活動來掌握外部世界所形成的總體性的文明能力、素質和境界的總和，也就是認識性的智力（智商）、情感性

的情感能力（情商）和意志性的道德能力（德商）。因此，可以說智慧是人類的全部文明成果在個體身上的凝結，是人對外部世界眞、善、美的一種全面把握之後形成的能力、素質和境界。

智商就是智力商數，它的英文縮寫是 IQ。智力或智慧、智商是人們認識客觀事物並運用知識解決實際問題的能力。智力的高低通常用智力商數來表示其發展水平。智力包括多個方面，如觀察力、記憶力、想像力、分析判斷能力、思維能力、應變能力等。那麼，智力商數就是這些能力的數字表示。智商是智慧的知性基礎。一個智慧的人，知識未必比別人全面豐富，但他的智商如果未能高於他人，甚至還處於不正常的弱智狀態的話，那他是無論如何不會成爲智慧之人的。

情商就是情感能力，它的英文縮寫是 EQ。是由哈佛大學的彼得‧薩洛瓦里和新罕布什大學的約翰‧梅耶兩位心理學家在 1990 年首次提出的，並對其應包含的能力內容作出界定。這種能力是：區分自己與他人情緒的能力；調節自己與他人情緒的能力；運用情緒信息去引導思維的能力。一個人的智慧，不僅取決於他知性上的聰明，而且取決於他的「慧覺」，即在情感上他是一個敏感、領悟力極高的人。哲學家狄德羅曾經說過，「感情淡漠使人平庸」。在一個人的人生中，情感往往成爲行爲與事業的動力源頭。如果一個人缺乏對生活的熱情，他如何能有很高的智慧並作出一番事業來呢？有的職業如以形象思維爲主要特徵的藝術類職業就更需要高的情商。情商高的人，其情感動力會進一步促進其知性的發展。

「德商」（Moral Intelligence），按照道格‧萊尼克和弗雷德‧基爾（《德商》一書的作者）的定義，即「決定如何將普適的人類原則運用到我們的價值觀、目標和行動中去的能力」，或者說從普適原則的角度來區分對與錯的能力，是建立並且遵循「道德羅盤」的能力。德商實際上就是人的道德能力。智慧不僅是知眞假，而且要明對錯。道德能力就是人的善惡評價、選擇、決定和執行的能力，它是人的智慧在人際關係和社會生活中的體現和實踐。

智慧是智商、情商與德商的統一。智商是基礎，情商是動力，德商是方向和目標。智慧分解開來看，是上述知、情、意三方面的能力，綜合起來看，它不僅是能力，而且是能力、品質和境界的統一，是知、情、意、行的統一，智慧作爲能力和品質，不僅是一種認知的理性能力，而且還包括人的情感能力和道德能力，也就是我們平時所說的一個智慧之人，不僅「情商」高，而

且「智商」、「德商」也高。智慧不僅是聰明，而且也是膽識。這裡所說的膽識實際上就是人的意志品質，也即中國古代所說的「勇」。有膽有識是謂英雄，有功有德是謂聖賢。劉邵《人物志》中有「英雄」一文，明確提出「聰明秀出謂之英，膽力過人謂之雄」的論斷。就是說，所謂「英」即是聰明，所謂「雄」即是膽力。「英」與「雄」的關係就是「明」和「膽」的關係。聰明就是知，膽識就是勇，有膽有識還要有愛即仁。只有具有大愛之心，才會產生大智大勇，因為「仁者無敵」。

在中國文化看來，一個具有大仁、大智、大勇之人，才真正是一個有大智慧的人，才是一個德才兼備、道合天地的聖賢。大智大仁大勇不僅是人的一種素質，也是一種人生的境界。「境界」是指一個人的人生體悟和修養的疆界、層次和水平。唯有很高的人生體悟之人，才會成為一個具有真智慧、大智慧的人。一個有智慧的人必然是「究天人之際，觀古今之變」，對天道、人道都有深刻的瞭解和清醒的自覺。因此，一個智慧之人絕不是有點小聰明，而是有人生大氣象和高境界的人。

（原載《中國教育報》2012 年 4 月 13 日第五版）

二、智慧與知識

智慧不是知識多，智慧要有遠見、有眼光，要求對事物和人生的整體性把握，要有長期和全面的觀點，能夠舉一反三、融會貫通、有所創新智慧與知識有關，但不完全等同。古希臘哲學家赫拉克利特就曾認為，博學並不等於智慧。

在古漢語中，「知」與「智」通，《釋名‧釋言語》：「智，知也，無所不知也。」西方的「智慧」概念也有「一切知識」的意思。中國古代哲學中，智也是從知發展而來的，在甲骨文中和青銅器銘文中，智被寫成由「矢」和「口」構成的「知」，即象徵著一個人像飛矢一樣快速地獲取知識。「知」在中國雖也有純粹知識的意思，但更多的是指智慧，「知」或「智」都有指一個人有知識而且有智慧的意思。它不是僅指人「聰明」，而是與人的整個生活方式和生活態度有關，帶有明顯的倫理性。因為中國之「知」力圖化解各種人生困惑而知天樂命、參透人生，為人類提供一種征服自然的力量，這就使自然之知與人事之智完全合一了。

　　智慧雖然並不排除知識，但智慧與知識是有區別的。知識可能成為智慧的養料，就像杜維明所說，有時「好像掌握知識的多少和智慧的深淺沒有直接的關係。眾所周知，不少『文盲』卻很有智慧。譬如，世界各地沒有書寫文字原住民，就是靠他們的長老口傳心授，把長期凝聚的智慧一代代承接下來的。就連公認的、極有智慧的人物也有不識字的，比如傳聞中的六祖惠能……儒家傳統裏有『知之為知之，不知為不知，是知也』的觀點，這才是真正的智慧」，「陸象山曾說過，『吾雖一個大字不識，也可堂堂正正做人』。這至少說明了人格的培養不能全靠知識的積累來完成」。知識是對各種事物的認識和理解，它可以考證，可以傳授，可以通過多年學習生涯積累，而智慧卻不能。學貫中西、文通古今的人未必是智者。智慧不是知識多、心眼多，智慧要有遠見、有眼光，要求對事物和人生的整體性把握，要有長期和全面的觀點，能夠舉一反三、融會貫通、有所創新。可見，智慧不離知識但又不等於知識。

　　知識是一種對外部世界純認知的態度，是關於整個外部客觀世界的認識成果。知識只是告訴我們事物是什麼樣的，而智慧則是一種涉及人生主體實踐的、體驗的、醒悟的態度，會指導我們應當如何去做。智慧不僅涉及認識，而且離不開實踐。只有把知識正確運用到實踐中去才能產生智慧。人類對外部世界的純粹認知的思考探討，其目的仍然是為了人類的實踐。知是為了行，是為了完美人性，實現人生目的。懷特海曾經說過：「空泛無益的知識是微不足道的，實際上是有害的。知識的重要意義在於它的應用，在於人們對它的積極的掌握，即存在於智慧之中。」

　　從知識與智慧的表現形式和評價標準上看，知識具有普遍性、規律性、真理性的特點，而智慧則具有普遍與特殊相結合、規律與變異相統一的特點。現代知識論認為，真理就是具有某種普遍性、可重複、有規律的東西，而智慧雖然不排除這種普遍性的知識，但卻是普遍性與特殊性的統一。比如，按儒家倫理普遍要求是「男女授受不親」，但當「嫂溺」時則要根據這種特殊情景施之於權而「援之以手」，這種「經」與「權」的統一就是一種智慧。如果在這一具體實踐場合，還一味地頑固堅持「男女授受不親」，置嫂子生命於不顧，那不僅不是智慧，而且是愚昧或沒有人性了。能夠在各種特殊的情況下作出正確的是非判斷和行動決斷才是智慧。那種一味唯書、只會按條條框框辦事的人不是智慧之人，而是書呆子和教條主義者。

　　知識只能告訴我們眞假，只有智慧能告訴我們善惡對錯。智慧本身就是一種德性，體現出一種對生活的根本性洞見和澄澈無比的精神狀態，因而是一種道德認識和道德實踐的能力。孟子將「智」定義爲「是非之心」，董仲舒認爲「仁而不智，則愛而不別也」。他們都把智慧看作是判斷善惡是非的能力。智慧是正確行爲的指導，不是一般的聰明才智，而是一種整體的實踐能力；智慧就是得道，得生活實踐之道。作爲一種實踐的智慧，更需要身體力行。不能付諸實踐，不能見諸行動的智慧其實還是知識，至少無法從根本上有別於知識。對於人類的生活實踐來說，是非判斷往往不難得出，難的是按照正確的是非判斷的結論來行動。

　　承認知識與智慧的聯繫，要求我們在增強自己的智慧過程中，要重視知識的學習與積累。但同時要看到，智慧是知識與能力的統一，是認識與實踐的統一，是普遍性與特殊性的統一，是能力與德性的統一。因此，要形成智慧不僅要學習知識，而且要勇於實踐，即不僅要「學」，而且要「習」，將知識在實踐中正確地運用；不僅加強知識的學習，而且要加強道德修養和人生的覺解。

（原載《中國教育報》2012 年 4 月 20 日第五版。）

三、智慧與道德

　　智慧總是與倫理道德相關，道德智慧是智慧的主要形式。智慧是知識、德性與境界的統一。道德與智慧的結合，就成爲智德。智德不僅是西方的「四主德」，即智慧、勇敢、節制、公正之首，而且也是孔子所講的「三達德」，即知、仁、勇之首。道德智慧或智德的內容主要體現在如下幾個方面。

　　人生覺解。一個有道德智慧的人必然是「究天人之際，通古今之變」，對天道、人道都有深刻的瞭解和清醒的自覺。比如，儒家有「三才」之說，天居於上，地承於下，而人居其中，與天地合德。因此，人應效法天地的某些特性來選擇自己的行爲方式。《易傳》有言，「天行健，君子以自強不息；地勢坤，君子以厚德載物」。儒家的人生態度核心就是這樣兩點：剛健有爲，自強不息；厚德載物，寬容待人。這種基本的人生態度實際上就是儒家倡導的基本道德精神。只有對儒家這種積極入世的人生觀有所覺解和體認，才會信奉、弘揚自強精神、厚德精神。如果不是積極入世的態度，那就不會重視道

德。可見，道德智慧首先是對人生大道的覺解，它可以從根本上決定我們人生實踐中的道德精神和道德選擇。

價值澄明。用「澄明」似乎已經在說一種道德智慧的境界了。實際上，作為一種動態過程的道德智慧，也可以說是不斷的「價值澄清」活動。道德智慧的價值澄明不僅包括認知評價上的「價值澄清」活動，而且還包括實踐意義上的價值選擇。光有認識不能落實為實踐，還不能把道德智慧堅持到底。生活中存在著很多道德選擇，如道義與利益、群體與個體、理想與現實、理性與欲望等，道德智慧就是在人生日常行為和關鍵時刻都能作出符合道義的正確選擇。如人的生命是寶貴的，也是人的最大利益，但當它與道義發生嚴重衝突，不能兩全時，儒家鼓勵人們要「殺身成仁」、「舍生取義」。「富與貴，是人之所欲也；不以其道得之，不處也。貧與賤，是人之所惡也；不以其道得之，不去也」。孔子倡導並堅持「義以為上」的價值觀，並且把這看作一項基本的道德要求，因為一旦僅僅以利本身為出發點，而不以義去約束利，則往往會導致不良的行為後果。總之，道德智慧要求人們能夠作正確的價值觀選擇。近年來常看到許多官員因貪腐而丟了腦袋，常為此感歎。這些人的「智商」和人生權謀可能都是很高的，可他們都是缺乏道德智慧的人，因為他們在義利觀問題上未能作出正確的選擇。可見道德智慧對人生是非常重要的。

知世明倫。道德智慧無非是一種審時度勢，善處人際關係的明智。「知世」要求人們能夠審時度勢，知先後、掂輕重、擇緩急，體現為實踐過程中的明智恰當。孔子曾經說，「天下有道則見，無道則隱」，「邦有道，則仕；邦無道，則可卷而懷之」。孟子說，「可以仕則仕，可以止則止，可以久則久，可以速則速，孔子也」。也就是說，一個大仁大智大勇之人，不僅是胸懷高遠理想和道義原則的人，而且也是能夠瞭解客觀情勢，掌握命運與時機的人，同時還要有判別輕重緩急的意識，明白當下之務。「明倫」就是要求我們瞭解自己與他人、與環境的關係，善識人。道德智慧不僅要求能知人，而且還能夠與人進行友好的交往，與人為善，不失原則；對自己的身份與角色有高度的自覺，有責任感、義務感，知所當為，勇於承擔，盡倫盡份。

修身立命。這主要包括知己的明智、修己的實踐和安身立命的境界。具有自知之明，正確地認識自己，是更為高明的德性，儒家將之視作君子的基本德性之一。《老子》第三十三章「知人者智，自知者明」，說的也是同樣的道理。所謂「自知」，主要是對於自己的德性、能力大小及優缺點有清醒的認

識。正確認識到自己的德性、能力和優缺點，方能不妄自尊大、不好高騖遠、不妄自菲薄。有自知之明的人是一個充滿道德智慧的人。這種自知的道德智慧需要在人生的長途中、在與人的交往中不斷的提高。

知己是道德智慧的認識活動，而修身則是道德智慧的實踐活動。修身不僅需要學、思，而且還重在習、行。一個有道德智慧的人必然是有高度的道德修養自覺性的人，化德性為生活，培養自己的人格，形成自己文明優雅的生活方式，從而達到安身立命的人生境界。何為安身立命的人生境界？在我看來主要體現為：第一，知命、立命的人生定見；第二，獨善其身的道德追求；第三，安之若素的行為方式；第四，心安情樂的精神狀態。心安就是由於對自己的命運有清楚的認識，對自己的行為有良好的自控，對自己的道德有高度的自信，對自己的人格操守有充分的自尊。因此，在心理上形成了一種心平如鏡、不假外求、安之若素、怡然自得的平和狀態。用現代話說就是他們心理特別平衡，按伊壁鳩魯的話說就是「靈魂無紛擾」。

（原載《中國教育報》2012 年 5 月 11 日第五版）

四、智慧與教育

智慧不僅是每個人的追求，更應該成為教育的追求。培養人格健全、充滿高度智慧的人是教育的最終目的。

智慧是人類全部文明成果在個體身上的凝結，是人的智商、情商和德商的統一，是能力、品質和境界的結合。教育是培養人的活動，培養智商、情商、德商都高的人，是教育的目的。

知識是培養、增強智慧的途徑之一。因此，教育活動不可能離開知識教育，因為知識是人類認識客觀世界所形成的成果，也是無數有智慧的人的智力勞動的結晶。每一個人的發現活動都是站在前人的肩膀上進行的，因此，我們要進行新的發現創造，必須先學習已有的知識成果。但掌握了既有的知識成果卻並不能直接產生出新的知識，而是要對這些既有知識進行靈活運用，激發出新的創新成果。懷特海說：「要使知識充滿活力，不能使知識僵化，而這是一切教育的核心問題。」僅有知識而無智慧並不是教育的目的。一則報導說，通過研究發現，恢復高考制度以來的歷屆各省高考「狀元」，在國內作出突出成就的幾乎沒有；中國的學生出國後，學習考試成績都比較高，但

作出創造性貢獻的卻很少。也許這就是「錢學森之問」的答案之一吧。這也說明，教育不是向學生灌輸死知識，而是要提高學生學習的探索精神和創新能力，即提高智力或智商。

一個人要有創新能力，不僅智商要高，情商也要高，要對生活充滿熱愛和積極投入，對外部世界的諸多事情保持好奇和興趣。羅素曾經說過：「長盛不衰的好奇心以及熱烈而不帶偏見的探索，使古希臘人在歷史上獲得了獨一無二的地位。」一個人要有創造性，必須要有長盛不衰的好奇心以及熱烈而不帶偏見的探索精神。要善於控制自己的情緒，目標堅定、意志堅強、持之以恒，全身心投入。只有這種心態才會作出創造性的貢獻。好奇心和興趣是人的發展中重要的情商因素。懷特海認為，每個人在少年兒童時期從其智力發展階段來看都有一個浪漫階段，這大概要延續到 13 歲至 14 歲。在這個時期，兒童開始體驗世界、認識世界、發現世界。在這個浪漫階段，一定要給孩子們更多的自由，玩耍和遊戲不僅是兒童的天性，更應該成為他們的功課。懷特海指出：「一個兒童在青少年浪漫期所形成的特點，將決定他的理想和想像，及如何塑造和豐富他未來的生活。」而在當前的應試教育情況下，許多家長剝奪了孩子們的這種天性和自然的功課，並人為地給他們加上了學校功課之外的許多負擔，還聲言不能讓自己的孩子在起點上就輸給別的孩子。對這部分家長來說，懷特海的下面這段話也許是有啓發性的：「在比較小的年紀反覆灌輸精確的科學知識，就會扼殺學生的首創精神和求知興趣，使學生不可能理解科學題目的豐富內容。」因此，教育要重視培養學生的想像力，喚起學生的求知欲和判斷力，以及控制複雜情況的能力。哈佛大學校訓說：「誰也不能隨隨便便成功，它來自徹底的自我控制和毅力。」這句話充分說明了情商中自我控制能力對人的發展的重要影響。情商，就是自我調控、自我約束的能力，就是百折不撓、不卑不亢的積極心態，就是富於同情心、關心他人的高尚情操。

一個全面發展的人不僅具有較高的智商，具有豐富的感情和情緒控制能力，而且要有道德認識、選擇、評價和行動的能力。培養個性全面發展或智慧之人是教育的目的。這不僅需要加強科學教育、知識教育、能力與素質教育，以提高智商，而且要加強藝術教育、體育與第二課堂活動，以豐富學生的情感、提高情商。在此基礎上，更應該加強道德教育以提高德商。長期的教育失誤在於只重視知識教育、「成才」教育，而放鬆對學生的道德教育與「成

人」教育，使很多學生不僅缺乏情緒控制和自我激勵的情商，在道德品質上更是令人堪憂。事實告訴我們，如果不加強道德教育，是不能培養出人格健全、個性發展的智慧英才的。

人才是「人」與「才」的統一，離開了「人」，「才」就會失去正確的方向。人的發展和智慧的增長如果離開了道德的指引和道德能力的支撐，其人格就不會健全，生活就不會幸福，甚至還會迷失人生的正確方向，走向惡的甚至是犯罪的道路。因此，堅持智慧是智商、情商和德商的統一，要求我們在教育中要把德育放在首位，培養全面發展和真正有智慧的人才。正如《道德智商》（羅伯特‧科爾斯著）一書的序言所說：「智力優異、道德高尚、行為果敢、心地善良的孩子才是家之保、國之幸，才真正是未來的希望。」因此，智慧不僅是每個人的追求，更應該成為教育的追求。培養人格健全、充滿高度智慧的人是教育的最終目的。

（原載《中國教育報》2012 年 6 月 22 日第五版）

道德危機的拯救與文明大國的崛起

改革開放三十多年來，中國經濟建設取得了世界矚目的成就，但是，一個文明大國，不僅是一個經濟大國或強國甚至是科技、軍事強國，而且還必須是一個有清明政治、公序良俗的善治社會，也必須是一個社會風氣良好、國民具有較高道德和文化素質的和諧文明社會，這樣才會使中國成爲一個不是讓人感到威脅，而是發自內心尊重的文明大國。可是，當前我國社會的道德狀況不僅不符合這一標準，而且出現了諸多衝擊道德底線的事件，社會道德面臨存亡的危機，引起了社會有識之士的憂慮和關注。

一、現狀：從道德滑坡到道德危機

隨著社會的市場化、功利化、世俗化，道德價值的失落是一個全球性的趨勢，但中國表現得尤其突出。改革開放三十多年來，我們的經濟建設取得了舉世矚目的成就，但我們的道德卻每況愈下，早在上世紀八十年代，學術界就提醒在社會發展中要防止道德滑坡，鄧小平同志也一再提醒物質文明和精神文明兩手都要抓，兩手都要硬，可是一手硬一手軟的問題實際上一直沒有得到解決。全社會的趨利化，價值觀念的功利主義長期得到鼓勵和膨脹，終於從昔日的道德滑坡即社會道德水平有所下降而發展到今天的「道德危機」即全社會的普遍缺乏道德，道德的底線受到衝擊，社會道德出現存亡危機，有網絡語言將國歌中的「中華民族到了最危險的時候」改成了「中華民族到了最沒有道德的時候」，就表明了普通百姓對當代中國社會道德缺失的深刻憂慮。一個沒有道德的社會將是一個分崩離析、一盤散沙的社會，將是一個野蠻而不文明的社會。可能有人會覺得「道德危機」的判斷聳人聽聞，這可以

仁智各見，有的人總愛用一個主流是好的這樣的思維和話語來掩蓋存在的問題，我倒是希望國人有一種道德的危機感，重視當代社會的道德問題，拯救當代社會的道德危機，建設一個人道、和諧、文明的社會。

我之所以認為當前出現了「道德危機」是因為中國社會出現了諸多道德價值失落，道德底線失守的突出問題和社會現象，道德出現了存亡的危機。這主要表現在：

第一，利字當頭，見利忘義。當代中國社會和中國人實際奉行的首要價值觀是什麼？毋庸置疑是利字當頭，金錢至上，全民孳孳為利，都在忙著掙錢。謀利掙錢如果是合理合法合德本來也沒有什麼錯，還會對經濟建設、社會發展發揮積極作用。問題在於一味為了圖利掙錢，就勢必見利忘義，喪失道德。所有道德問題的出現「都是錢惹的禍」，過去是為人民服務，現在是為人民幣服務。為了錢可以做貪官，為了錢可以做奸商，為了錢可以做刁民，為了錢可以不要做人尊嚴，肉體人格都可以出賣，為了錢，可以殺人越貨，鋌而走險，不一而足。似乎國人都是孳孳為利的「跖之徒」（小人）。時代世風也都變成「唯利是圖」了。

第二，自私自利，人倫喪盡。圖利謀利使個人私欲無限膨脹，為了一己私利和私念，毫不顧及別人，在人倫關係上，可以說這些年出現的諸多殺親滅門案、殺師殺人案令人觸目驚心。如李磊僅因為從小家庭教育環境較差，在家庭感到壓抑就一舉殺了父母、妻子、妹妹、兩個孩子一家六口。校園裏的殺師案不僅有中國政法大學的大學生殺師案，在中學裏也有多起案件。藥家鑫車禍撞人竟然為了逃避追究，將受害人殺死。還有幾起犯罪分子針對幼兒園和小學的幼童作為報復社會的對象，這些案件都暴露了無道德的人性是多麼墮落和危險，有人可能會說，這些個別現象不能看作是全社會的道德危機，那麼如何解釋在古代社會為什麼沒有這樣的案件，而且傳統社會還在努力建設路不拾遺，夜不閉戶，「畫地為牢」的「無訟社會」。

第三，誠信缺失，坑蒙拐騙。誠信狀況是社會道德的顯性體現，中國社會的道德危機最突出的問題就是全社會的誠信缺失，老百姓常有「現在還有什麼是真的？」的日常之問，這種誠信缺失首先表現為一系列的產品商品造假，以劣充優。如「達芬奇」傢具、假黑豆事件等等，物的失信實際上是人的失信。另外，人與人之間缺乏必要的誠信，基本道德信任直接被衝擊破壞，如有老太太摔倒，好心小夥子將其扶起並送醫救治，竟然遭到老太太及其家

人的誣告訛詐，這直接消解了民眾對道德的基本信心，有輿論呼籲「讓良知扶起摔倒的道德」。

第四，漠視生命，危及生活。當前的道德危機之所以被老百姓感同身受，受到關注，就在於它對老百姓的生活和生命安全構成了嚴重威脅。如食品安全方面出現的「三聚氰胺奶粉」、「毒餃子」、「有色饅頭」、「塑化劑」、「瘦肉精」等一系列事件，都直接危害人的生命健康與安全。民以食為天，病從口入，吃，是人們天天都要進行的生活行為，如果人們吃的都不是安全食品，人的幸福和尊嚴還從何談起？不僅是食，實際上衣食住行都由於道德缺失而使民眾感到不安全，如媒體已經曝出某些衣物所用衣料中含有致癌物質。住方面則有因為偷工減料而致房屋倒塌，行則也有橋梁塌落，動車事故致 30 餘人死亡的事件。如果上面所提那些喪盡人倫、殺親殺人的事是一種惡性犯罪，這裡的缺德行為則是企業人、社會人對人的生命價值的漠視，直接危害著我們的日常生活，這也正是每個普通百姓覺得道德出現危機的所在。

第五，丟醜國際，形象受損。2008 年，中國改革開放 30 年，經濟建設取得巨大成就，成功舉辦第 28 屆世界奧林匹克運動會，有國際輿論認為這是中華民族走向復興的「中國元年」，但就在這一年，我們出現了「三聚氰胺奶粉」事件，「毒餃子」事件在日本也引起巨大反響，一些日本媒體在頭版頭條斷言「中國進入了一個無道德的時代」。中國在成為「世界工廠」的過程中，也同時被一些外國人看作是「製假工廠」。這些都嚴重損害了中國的國際形象。更不用說中國人的公共文明素質在國外受到大量負面的評價，這些都是當代中國社會道德危機的重要體現。

二、成因：從義以為上到利字當頭

是什麼原因導致了當代中國的「道德危機」？這可能與中國社會處於社會轉型期的複雜社會狀況有一定關係，其中的成因可能是多方面的、複雜的，本文在此僅從文化價值觀的角度對其成因作些分析。我們認為，第一，利字當頭扭曲了義利關係。第二，個人本位扭曲了人倫關係。第三，過分競爭扭曲了社會和諧。

第一，利字當頭扭曲了義利關係。道德觀的基本問題是解決義利和群己關係。無論是中國傳統倫理還是中國革命道德都是堅持義以為上的價值觀。朱熹曾經指出「義利之辨乃儒者第一義」。道德存在的理由就是為了使謀利活

動符合道義，連老百姓都知道「君子謀財、取之有道」，馬克思主義的道德觀告訴我們，道德總是以或多或少的自我犧牲爲前提的，可我們這三十年來，似乎在極力把人的本能性的利益訴求作爲天然道德的事，把人各爲己、自圖其利作爲道德的基礎，在抓經濟建設，鼓勵全民致富，發展經濟的過程中，沒有注意到自覺地用道德去調節謀利活動，道德的價值全面失落，全社會一切向錢看，爲了利和錢什麼都可以不顧。人既是精神性的存在，也是肉體性的存在，因此，求利是人維護自己肉體生存的自然本能，但人的求利活動必須在符合法律和道德的基礎上進行，如果全社會的價值觀一點不講義務而只是鼓勵求利，極端功利主義的價值導向有可能導致「爲達目的、不擇手段」的非道德主義。孟子早就告誡我們「上下交征利則國危矣」，因此，要求「何必曰利，亦有仁義而已矣」。而我們的社會則恰恰相反，是只圖利，而一點不要仁義道德，這終於導致了今天的「道德危機」。

第二，個人本位扭曲了人倫關係。道德觀還有另一方面的重要問題就是要調節群己關係，中國傳統道德和中國革命道德都是鼓勵和提倡整體和集體本位、至上的價值觀，以抑制自私自利的人性惡，而在近三十多年來，我們卻全面引進西方自由主義的個體本位、權利優先的價值觀。一事當前，先替自己打算，自私似乎成了天然合理的事，對他人冷漠，事不關己，高高掛起，對集體漠不關心，只講權利，不講義務。爲了個人利益可以不擇手段，個人主義鼓吹的個人自由，使某些人爲所欲爲，迅速墮落爲自私自利，使某些人變得冷漠、自私、封閉，不僅精神上孤獨，跳樓的人多了，而且爲了一己私利甚至精神變態而殺人越貨，終於導致了今天的各人爲各人，爲了幾百塊錢就可以殺一個出租車司機，爲了自己逃避交通肇事的處罰，竟然繼續殺人（藥家鑫案），甚至殺親、滅門、殺師這些在傳統社會聞所未聞的事在今天都出現了。

第三，過分競爭扭曲了人際社會平等和諧。倡導個人利益最大化，必然要倡導競爭的價值觀。競爭發源於貪婪的人性，競爭可能是經濟行爲的自然規律，而非一種值得倡導的社會生活價值觀，在中國古代，恰恰強調的是人與人之間的禮讓不爭，這樣才會實現人際和社會的和諧。荀子認爲，因爲人有欲望，必起爭奪，必須用禮義來防止對物質財富的爭奪。這也就是說禮義或道德之產生是出於防止紛爭，過一種有等級差別的社會群居生活的需要，使上下齊一，社會安定。貪婪而無節制的競爭，這恰恰是獸性體現而非人性，

這必然損害人與人之間的平等與互助協作，而導致人與人之間的爭鬥和分裂，為了財富和少數人的特權而犧牲另一部分人，這恰恰是一個缺乏公平正義的社會。競爭價值觀是以資源的有限性作為前提假設的，競爭是將對方置於與自己對立而非合作的立場上考慮問題的。如果競爭不能以道德的手段（由於利害關係，這種幾率可能是很高的）進行，競爭就變成了明火執仗的利益爭搶。競爭實際上就是經濟、社會領域裏的爭鬥，這和過去政治領域裏的鬥爭理論有某種同質性，而與建立平等和諧、共同富裕的社會理想相悖。競爭使當代中國人心浮氣躁，始終就像搶上末班車似的，如果自己上不去，似乎就永遠沒機會了。爭搶使人心力疲憊，爭搶帶來了普遍的道德缺失，人際關係緊張，社會風氣敗壞。在建設和諧社會的過程中，我們在經濟建設取得成就的基礎上，一定要走共同富裕的社會主義道路，破除對競爭和財富的偶像崇拜，要把競爭限制在適度和有益的範圍之內，因為競爭的本質畢竟是人與人的分離和對立，過度無節制的競爭永遠是對人格尊嚴的踐踏，是對社會和諧的破壞。

三、對策：從搞活開放到德法文教並舉

對內搞活，對外開放，是我們從事經濟建設的正確國策，但並不是全面的社會政治與文化建設的國策。在經濟建設上我們也許需要一定程度上的對內搞活，放水養魚，對外開放，引進外資和技術，但在思想文化領域，如果一味搞活，不加任何限制引導，不讓正確的輿論佔據統治地位，還如何建立我們社會的核心價值觀？在思想文化上如果一味地任自由主義的西風勁吹，我們也不用別人顛覆我們了，我們自己就已經被顛覆了。

政府的責任固然是發展經濟，但實現一個善治的公序良俗社會和有高度精神文明的和諧社會也是政府的重要責任。不能因為經濟建設的首務而放棄政府進行清明善治和道德教化的責任。建立一個平等、公正的社會制度，充分發揚社會主義民主，讓人民過上有尊嚴的幸福生活，這是政府的責任，提倡優良道德和正確的價值觀，讓我們的社會風氣更加高尚，生活安全更有保障，人與人的關係更加優化，個性更加得到尊重，社會秩序得到維護，文化更加繁榮，國民的道德素質得到更大提高，這些不僅需要全體人民的努力，也是政府的責任。英國前首相布萊爾最近在其中譯本《布萊爾回憶錄》的前言中指出：「社會繁榮不能僅靠物質進步」，「沒有經濟發展，沒有整個國家全

面繁榮的前景，中國絕無可能發展和諧社會。但是，中國又不能僅僅通過經濟進步來保證穩定的未來。社會性的凝聚和同心同德，有賴於共同的目標感、共同的價值觀，以及一種共同認識：有必要用能夠容納所有人並肩站立的共同空間來平衡多樣性」，「當核心價值觀將人們凝聚在一起，當孩子在成長的過程中被注入對他人的責任感，當齊心協力與互相幫助對家庭的維繫極為重要時，這樣的社會也最為成功。」〔註1〕布萊爾的上述看法可謂切中要害，告誡我們不僅要發展經濟，而且還要加強社會的核心價值觀與道德責任感的建設，這才是一個成功的社會。

有學者認為：所謂「文明」，是指人類借助科學、技術等手段來改造客觀世界；通過法律、道德等制度來協調群體關係；借助宗教、藝術等形式來調節自身情感，從而最大限度地滿足基本需要、實現全面發展所達到的程度。〔註2〕因此，一個文明大國，不僅要靠科學技術這個第一生產力來推動經濟發展，而且要用法律、道德來治理社會，一個有善治良序的社會不僅要依靠法律這種硬規範，而且要用道德這種軟規範，這是為中外歷史經驗所證明了的。甚至在西方還用宗教來管束人們的思想。也就是說，僅靠道德和法律這些規範，只能管束人們的行為，要真正使人們的思想統一、心安理得、安身立命，還必須有全民族的價值信仰，這種價值信仰不一定全以宗教的形式體現出來，也可以革命理想、民族核心價值觀甚至儒學這樣的準宗教形式體現出來。因此，我們在當前一定要旗幟鮮明地堅持法治與德治相結合的基本國策和治國方略，把道德與精神文明建設作為黨和政府對社會和人民的重要責任。一段時間內，江澤民同志提出「以德治國」、德法並舉的治國方略，這實際上是一個正確的主張，而學界某些人卻反對這一主張，似乎德治必然就是人治，這種認識是完全錯誤的。孟子的仁政學說，不僅主張「富民」，而且還主張富而然後「教民」，民生與教化並重是仁政的主要內容。實行仁政的措施主要是「制民之產」，「省刑罰，薄稅斂」，君王要推恩於民，另外要「謹庠序之教，申之以孝悌之道」，也就是大力加強道德教育。可見，加強對民眾的道德教化、加強精神文明建設是統治者的責任，也是形成文明大國的重要措施和應有之義。建設一個有高度道德文明的社會，這是人民獲得

〔註1〕〔英〕托尼·布萊爾：「寫給中國的一封信」，《中華讀書報》2011年9月7日第9版。
〔註2〕陳炎：「『文明』與『文化』」，《光明日報》2011年5月30日第5版。

真正幸福的必要條件，也是中國作為文明大國重新崛起的重要標誌。

不僅要堅持德法並舉，以德治國，而且要大力加強文化建設，文化建設的核心是民族核心價值觀與道德的建設，另外，要通過各種社會教化活動如樹立榜樣，表彰獎勵先進等手段加強全社會的道德建設，媒體、學校、單位、家庭，都要把道德教育真正落到實處。近日，媒體報導了一則消息說，政府取締了石家莊市電視臺影視頻道一個月的播映權，是因為該臺違規播出扭曲家庭倫理的電視劇，對社會道德產生極壞影響，看到這則新聞令人甚感欣慰，這正體現了政府對社會風化的責任。

如何進行文化價值觀與道德文明建設？布萊爾也向中國提出了建議：「對於中國來說，發展里程中的主要挑戰，就在於如何創造這樣一種文化與機制，來促進非政府的民間責任與服務。……儒教雖不是宗教，但在道德意義和人類同情心方面，它與一般宗教中的許多價值都不謀而合。繁榮的藝術與文化也會促進這樣的社會和諧，使人們更加意識到精神性和超越性的事物。」〔註3〕這告訴我們，文化與道德建設要重在培養國民的責任感和服務意識，要善於運用自己本民族的儒教傳統，加強文化與藝術建設，從而推動社會和諧。

毀壞一種道德很快，要重新建設一種道德則很難，即使如此，我們也必須自覺地把拯救道德危機，加強道德建設作為建設和諧中國與世界，建設文明大國，推動民族復興的重要歷史責任來看待，認真研究道德建設問題，從各個方面加強建設力度，這樣才會拯救當前的社會道德危機，才不會愧對歷史、民族和人民，進而促進中華民族復興、文明大國的形成。

（原載《西北師範大學學報》2012 年第 1 期）

〔註 3〕〔英〕托尼·布萊爾：「寫給中國的一封信」，《中華讀書報》2011 年 9 月 7 日第 9 版。

論律己

一、律己及其道德價值

1. 何爲律己？律己就是人的自我律令、自我控制、自我約束、自我節制、自我治理、自我主宰。與律己有近似意義的概念範疇有「自律」「自制」「克己」「節制」「自治」「自主」等。對與「律己」相鄰、相近的概念做進一步辨析、釐清，對於理解「律己」的道德本質是有益的。

在倫理學上，「自律」一詞常常被看作是一種揭示道德或道德律特性的存在論範疇，它指人在道德上的主體能動性，也指道德律區別於宗教、法律的他律特性，它是「人類精神的自律」。而「律己」作爲倫理學範疇，是一種工夫論、修養論的範疇，它表達的是道德主體在修身、行爲、品質上能否達到「自我律令、己律」的修養工夫。律己與自律，可能是一種種屬關係，即「自律」可以從總體上看作道德的主體性，可以看作道德律的特點，而律己，僅是自律的一種形式，專指人在道德修養上所具有的修養自覺性、工夫和達到的境界。另外，還可以將它們理解爲一種手段與結果的關係，即自律是律己的手段，而律己是自律的結果之一。這裡的「自律」實際上可以換成「己律」一詞。

「自制」可以從廣義上理解爲自我治理、自我控制，但在中國語境中似乎更多被理解爲一種自我克制、自我約束的消極意義。而「克己」就具有更爲具體明確的「克制、克服自己私欲」的意義。「節制」是西方「四主德」（智慧、勇敢、節制、公正）之一，它被柏拉圖看作主要是社會三階層（僧侶、貴族；軍人；百姓）中百姓的品質，因爲這一部分人的心理品質主要是情慾，

因此其德性就主要是節制。西方近代歷史名人富蘭克林（1706～1790）曾在其自傳體著作《奮鬥史》中總結自己一生取得成功的 13 種修身規範，其中有四條都涉及到了節制之德：（1）節制：食不可飽、飲不可醉。（2）少言：言必有益，避免閒聊。（3）節儉：當花費才花費，不可浪費。（4）節欲：少行房事，愛惜身體，延年益智。〔註1〕上述四個方面分別談到了對人的食欲、言欲、錢財、性欲的節制。可見西方人對節制一德的重視。可以說節制是律己在日常生活行為上的具體表現之一。在中國傳統道德與中文語境中，節制也是與節制欲望相聯繫的，被看作是一種美德。律己不僅包括「節制」具體欲望的「有所守」的消極意義，而且也具有人的自我律令，「自治」、「自主」的「有所為」的積極意義。

「自治」即「自我治理」，所謂「自我治理」實際上體現為自我生命的和諧，即主體心身、知情意之間的和諧、平衡，內心沒有道德衝突。「自主」一詞往往強調的是人的理性意志對自己行為的自我主宰，從更為宏觀的角度看，「自主」是人的道德主體性的集中體現，即自己的生命與生活是由自己的道德理性主宰的，當然這裡的「主宰」是指能夠按正確的道德原則行事，在某種意義上可以說，一個「自主」的人也就是一個實現了道德自律的人或律己的人。「自主」相較於「律己」似乎更具有積極的含義。一個「律己」的人不僅應該做到在道德上不犯錯，也要能夠「擇善而固執之」。因此，「自治」「自主」可以看作是「律己」的積極意義的表達。道德意識實際上是禁止與倡導的統一，因此，「律己」不僅有「自制」「節制」「克己」的消極意義，而且也有「自治」「自主」的積極意義。

律己或自律既是道德發揮作用的精神機制或道德律的特點，也是人通過道德修養所達成的一種品質和美德，是一個有道德的人在心理與行為上的一個顯著特徵。換句話說，一個有道德的人，不僅體現為對外在道德規範的遵守，而且必然是一個嚴於律己的人而不是自我放縱的人。一個人最終能否堅守道德而不犯錯誤，就在於他有無高度的自律精神和能管住自己的能力和品質。

2. 律己的自律本質。律己要靠自律或己律來實現，自律而非他律恰恰是道德的根本特徵。律己作為一種道德行為、道德品質、道德境界，它一定是用自己的精神力量對自己的自我律令，是自己人性或內心的善對惡的一種平

〔註1〕本傑明‧富蘭克林：《奮鬥史》，北京：民族出版社，2002 年，第 126 頁。

衡扼制與戰勝。因此，這是一種道德自律而非法律他律。眾所周知，法律對
人們行為的控制主要是用國家機器的強制力來維持的，它往往只管人們的行
為而不管人們的思想，而道德恰恰不僅要關注人們的行為，更關注人們的思
想。律己作為一種自律，其主要手段就是用自己的思想實現自我選擇與控制，
因此，是一種心法或良心。這包括行為前的選擇能力、行為中的監督能力及
行為後的評價反省能力。就道德內部來講，道德雖然也有不同程度的他律，
如社會輿論、風俗習慣等軟性文化要素的他律，人作為一個文化和社會的存
在，不可能一點不顧及這種軟性社會文化約束，但道德的最終根據和根本價
值卻在於它是憑藉人的內心信念來發揮作用的。一個人在道德行為中，其自
覺程度越高，其道德價值就越高。比如，以中國倫理思想史為例，禮，在孔
子之前，它是一套包括宗教、文化習俗、政治法律制度在內的涉及外在行為
和生活方式的相關規定，孔子的偉大貢獻就在於發明了仁，這是一種基於人
的情感和理性的道德自覺性，並將仁的內在道德自覺精神融入禮中，這樣就
使禮不再停留在一種外在的行為規範，而成為人們自覺踐行的一種道德行
為，從而使禮獲得了有內心信念支撐的道德內涵。孔子說：「禮云禮云，玉帛
云乎哉？樂云樂云，鐘鼓云乎哉？」〔註2〕就是說禮樂不僅僅是「玉帛」、「鐘
鼓」這些形式化的東西，而有更深一層的內涵。孔子把這深一層的意義落實
到以「仁」為核心的人的內在道德情感上，所以說：「人而不仁，如禮何！人
而不仁，如樂何！」〔註3〕如果在禮的行為中，人們能時時這樣保持一顆莊
敬之心，保持一種真情實感，那也就是做到「仁」了，所以說：「克己復禮為
仁。」〔註4〕人們的言行舉止時刻保持著一種「禮」的自覺，也就是在實踐
「仁」了。

從人的道德發展來看，人都要經歷一個從他律到自律的發展過程。比如，
小孩由於其道德理性還沒有完全成熟，因此，其生活主要是由父母、老師等
的他律所指導、制約的，這就是在教育活動中，要有必要的權威和規範約束，
青少年在法律意義上需要監護人的原因，隨著其心智的發展，價值觀與道德
觀逐步形成，他們就會自主地進行道德選擇和自我管理，從而走向道德自律
和律己。這在某種程度上是一個人完成其「社會化」、走向「成人」的必然之

〔註2〕朱熹：《四書章句集注》，北京：中華書局，1983年，第178頁。
〔註3〕朱熹：《四書章句集注》，北京：中華書局，1983年，第61頁。
〔註4〕朱熹：《四書章句集注》，北京：中華書局，1983年，第131頁。

路。

　　當然人和道德的自律也不是憑空產生或自我隔絕的，自律與他律（外律）實際上是辯證統一的。人的自律精神和律己品質的形成，也要受到外在社會風氣與道德環境的影響。當今中國社會的外部道德環境相對較差，這給人們的道德操守、律己品質的形成帶來了消極影響，儘管如此，我們仍然應該追求律己之道德品質。道德自律也離不開對道德他律的接受、認同，一旦實現這種認同和接受，實際上就在某種程度上已經化外律為自律了。承認這一點，可以避免我們把自律與律己變得神秘化，實際上道德生活中的他律與自律就是一個相互聯繫的統一體。另外，道德自律或律己體現為道德主體自身的意志自我約束，表現為主體自己為自己立法。這是自律主體自覺性與能動性的集中體現。這種立法可能來自他對外在社會價值觀念的接受與認同，也可能來自自己的人生價值判斷、選擇而形成為自己所依賴和遵從的「心法」，這種「心法」，是最大的法，是堅不可摧的，也是道德主體性的集中顯現。最後，自律或律己在心理形式上可能表現為主體理性與意志對欲望和偏私的自我約束，表現為內心的善與惡通過鬥爭而實現善對惡的控制與約束。

　　3. 律己的道德價值。律己即是道德的自律本質和價值的集中體現，也是人們進行道德修養所要達到的目的和要義。道德的本質和目的不僅是要實現社會控制，而且更重要的是實現人的自我控制。大家都知道著名哲學家康德有一句名言：「世上最使我們震撼的是頭頂的星空和我們心中的道德律。」康德認為，人在道德上是自主的，人的行為雖然受客觀因果律的限制，但是人之所以成為人，就在於人有道德上的自由能力，有能力為自己的行為負責。也就是能夠做到自由的主宰自己，就是自律或律己，這正是人之高貴處，是道德發揮作用的特徵，也是我們敬畏道德的真正原因所在。全部道德修養的最終目的都在於形成一種自我控制的能力。君子自重，即有道德的人必是一個自愛自重，可以用善的理性戰勝惡念惡欲而能夠實現自我控制和律己的人。孔子說：「三軍可奪帥也，匹夫不可奪志也。」〔註5〕「不義而富且貴，於我如浮雲。」〔註6〕孟子說：「富貴不能淫，貧賤不能移，威武不能屈，此之謂大丈夫。」〔註7〕孔子在歷述自己的人生修養經歷時說他「七十而從心所

〔註5〕朱熹：《四書章句集注》，北京：中華書局，1983年，第115頁。
〔註6〕朱熹：《四書章句集注》，北京：中華書局，1983年，第97頁。
〔註7〕朱熹：《四書章句集注》，北京：中華書局，1983年，第266頁。

欲，不逾矩」〔註8〕，王陽明曾經說：「能克己，方能成己」。〔註9〕這些都表現了一個有道德操守的君子身上所體現出來的高度的道德自律精神，也說明唯有能克己律己之人才能成為一個道德上的「成人」。

現代社會的功利主義泛濫，誘惑增多，人欲橫流，這些不良的社會道德環境使人的律己行為和堅守律己品質顯得更難了，但也進一步彰顯出人的律己品質的可貴。一個真正有道德修養的人如果能像蓮花那樣出污泥而不染，才能顯出自己品質之高潔。在某種意義上可以說，越是外部的監控力量減弱、律己的道德環境惡化就越需要人具有律己的品質，才能保證自己永遠立於道德的高地和不敗之地。從這些年來某些因貪腐落馬的高官的教訓來看，他們都事後懺悔總結說，職位越高監督越少，使自己一步步放鬆思想警惕和行為自律，走向了犯罪的深淵。這也反證出律己作為一種道德素質對於人生平安與長久幸福的重要性。對於一般人來說，人性都是脆弱的，有時可能經不住一些外在的誘惑而犯錯，但一個道德堅強的人，就能夠做到「和而不流」，擇善固執，有著堅強的自律精神或律己品質。從積極方面看，他們堅守信念與道義原則，即使在生命面臨存亡的危急關頭，也能夠唯義是從。如儒家的「殺身成仁」、「舍生取義」，革命志士的慷慨就義，從律己的角度來分析，在某種意義上也可以說是體現了這些仁人志士具有高度的道德自律自制精神和律己品質。從消極方面說，有律己品質的人在任何條件下，都能克服自己人性的弱點和貪欲，不符合道義和理性的事堅決不做。因此，在一定意義上可以說，在現代社會條件下，道德有時就表現為是否具有律己的品質，這是一個人是否真有道德，是否是一個真君子的試金石。

二、律己的道德內容

律己是個人道德心理和行為品質的一種體現，它肯定包含著實質性的道德內容和基礎。在我看來，一個有律己美德的人，應該是比較正確地解決了義利、公私、理欲關係並做出正確的價值選擇與決定的人。因此，在此意義上，我們把正確的義利觀、公私觀、理欲觀看作是律己的道德內容和基礎。或者說，自律律己就是用自己內心的善戰勝惡，義指導、節制利，公約束私，

〔註8〕朱熹：《四書章句集注》，北京：中華書局，1983 年，第 54 頁。
〔註9〕王守仁：《王陽明全集》，吳光、錢明、董平等編校，上海：上海古籍出版社，
2011 年，第 40 頁。

理節制欲。

「君子喻於義，小人喻於利。」〔註 10〕「君子思義而不慮利，小人貪利而不顧義。」〔註 11〕宋代朱熹曾經認為，義利之說，乃儒者第一義。義利觀是中國傳統價值觀的首要問題。所謂「利」一般是指物質利益，「義」就是倫理規範。義利觀就是道德原則與物質利益何者具有價值優先性的問題。義利觀不僅在中國被看作是儒者第一義，而且在西方也被看作是倫理學和人生選擇的首要問題。求利是人的自然本能，但人的存在和利益獲得都是社會性的，都是需要以道德的手段來獲得的，中國一般老百姓都知道「君子謀財，取之有道」，義即道德的作用就是對利的一種節制，人們面對利，首先應該考慮它是應得還是不應得，是見利忘義還是見得思義，這些都決定了一個人是否能夠有道德的自制即律己的品質。發展經濟，謀求個人利益的最大化，這是當代中國在發展市場經濟條件下一段時期內的社會價值取向，這在一段歷史時期內或一定的生活範圍內也是有其必然性與合理性的，但如果將其片面化，對利益的訴求不用道義原則加以指導和規約，就會出現很多社會和人生問題，如社會生活全面「一切向錢看」，必然會帶來貪污腐敗，權錢、權色、錢色交易，使社會生活出現諸多弊病，也使很多人面對利益和金錢的誘惑喪失原則，從而給自己的人生帶來毀滅性的災難。從社會的角度看，如果「上下交征利，則國危矣！」〔註12〕，從個人的角度看，如果一個人利欲薰心的話，就會被利欲衝昏頭腦，喪失理智，不僅不會做到律己，而且往往會走向道德墮落和犯罪深淵。「義者，心之制，事之宜也」〔註13〕當人面臨利益選擇時，一定要由義去指導、制約利，使之不失其宜與正、公與理。「見利爭讓，聞義爭為。」〔註14〕這才是一個在義利選擇面前做出積極選擇與自律的人。「非其義也，非其道也，一介不以與人，一介不以取諸人。」〔註 15〕「不義，雖利勿動。非一動之為害，而他日將有所不可措手足也。」〔註16〕古人的上述論述都說明了如果不能用義正確地指導和約束利，就會給自己的人生帶來禍害。

〔註10〕朱熹：《四書章句集注》，北京：中華書局，1983 年，第 33 頁。
〔註11〕劉康德：《淮南子直解》，上海：復旦大學出版社，2001 年，第 486 頁。
〔註12〕朱熹：《四書章句集注》，北京：中華書局，1983 年，第 201 頁。
〔註13〕朱熹：《四書章句集注》，北京：中華書局，1983 年，第 201 頁。
〔註14〕張沛：《中說譯注》，上海：上海古籍出版社，2011 年，第 216 頁。
〔註15〕朱熹：《四書章句集注》，北京：中華書局，1983 年，第 310 頁。
〔註16〕蘇洵：《嘉祐集箋注》，上海：上海古籍出版社，1993 年，第 29 頁。

　　道德上的善惡，不僅涉及到義利觀的選擇，誠如荀子所說，「先義而後利者榮，先利而後義者辱」〔註17〕，而且還涉及到公私人己觀的正確選擇。善與惡從某種狹義上說，就可以理解為是先公後私、大公無私、先人後己還是相反。人們往往把那種利他的觀念和行為看作是善的，而把那些極端利己的觀念和行為看作是惡的。因此，一個能夠始終堅持道德正當的人，有道德自律精神和律己品質的人必然是一個用公觀念戰勝私觀念，用利他精神節制利己之心的人。人們在道德上不能自持律己，往往都是私欲膨脹，公私不明，甚至假公濟私，以公權謀私利，損人利己。而有律己品質的人往往是公私分明，大公無私，先人後己的。新華出版社曾出版過一本書叫《家風》，記載了八位黨和國家領導人的家教家風。其中有一段史實記載：萬里同志曾經送自己的兒子去河南當了整整十年農民。有一次過年他的兒子從河南回京，帶了很多東西，天又下大雪，打電話想讓家裏用車到車站接一下他，可是，萬里同志就是不同意，認為公家的車怎麼可以私用呢？這體現出老一輩革命家公私分明，奉公克己的高風亮節。據相關調查數據顯示，現在幹部中差不多有三分之二的人有公車私用現象，很多幹部在思想上，把這個事也沒當回事，認為這沒有什麼大不了的，這也體現出我們這些年來放鬆了對幹部進行公私觀教育的現實。朱熹曾說「仁義根於人心之固有，天理之公也，利心生於物我之相形，人欲之私也」〔註18〕。因人的本心之公常常為利欲之私所蔽，所以道德主體需要自覺自律，體察公私兩端，及時從私欲中擺脫出來。在朱熹看來，循「天理」之「公」辦事，則「不求利而自無不利」，而循「人欲」之「私」辦事，則「求利未得而害己隨亡」，其結果是「毫釐之差，千里之謬」。所以他強調「而今須要天理人欲、義利公私，分得明白」。〔註19〕「君子小人趨向不同，公私之間而已。」〔註20〕呂坤曾說：「公私兩字，是宇宙的人鬼關，若自朝堂以至閭里，只把持得公字定，便自天清地寧，政清訟息。只一個私字，擾攘得不成世界。」〔註21〕「人一生大罪過，只在自是自私四字。」〔註22〕自是，自以為是，是精神上的一己之偏，

〔註17〕　王先謙：《荀子集解》，沈嘯寰、王星賢點校，北京：中華書局，1988年，第58頁。
〔註18〕　朱熹：《四書章句集注》，北京：中華書局，1983年，第253頁。
〔註19〕　梨靖德編：《朱子語類》，王星賢點校，北京：中華書局，1986年，第227頁。
〔註20〕　朱熹：《四書章句集注》，北京：中華書局，1983年，第70頁。
〔註21〕　呂坤：《呂坤全集》，北京：中華書局，2008年，第823頁。
〔註22〕　呂坤：《呂坤全集》，北京：中華書局，2008年，，第679頁。

自私是利益上的一己之私，要做一個律己的人，最重要的就是立公廢私。「極身無二慮，盡公不顧私」〔註23〕，「天無私，四時行；地無私，萬物生；人無私，大亨貞。」〔註24〕這是說人一生能平安無事，無慮無禍，唯有盡公不顧私。我國古代雖然有豐富的公私觀理論，但大多停留在價值觀的正面倡導層面，對某些有修養的人可能會起一些作用。但由於公私領域沒有實體性的區隔，家國同構，府宅不分，私情與公義不分，家族親情與政治治理不分，加之缺乏相應的制度安排與監督，實際上很多中國人具有「自私」「貪婪」的國民性，在毛澤東時代，由於加強了共產主義人生觀和為人民服務精神以及公私觀的教育，湧現出了很多大公無私的人，但近幾十年來，我們在這方面的教育不夠，有的幹部全然沒有這種公私分明的觀念了，見怪不怪，習以為常。恰恰是在某些外資企業的管理上倒顯出公私分明的精神，如在上班時間用公司電話打私人電話有可能被開除。而我們的某些幹部用公家單位電話打私人電話，一打就是幾十分鐘，閒聊天，一個月的電話費就花費公款上千元。某些幹部之所以最後走上貪腐之路，就是在公私觀的這些小事上，一開始就不注重自律，導致最後犯大錯誤。

在道德生活中，義利、公私、理欲問題是緊密相聯繫的。義利、公私（群己）是道德所涉及的兩個方面的重要實質性價值選擇問題，而理欲實際上是上述價值選擇在主體心理上的體現。也就是說，義與公往往是以人的理性為基礎的，而利與私則往往是建立在人的感性欲望基礎上的。因此，要成為一個具有律己品質的人，在主體心理層面上，就要自覺地用理性去約束節制自己的私欲。

人確實是一種感性存在與理性存在相統一的動物。作為感性的自然存在，人必然有欲望，否則就無法生存，但人確實又是一個社會的、理性的存在物。西方哲學家叔本華曾經受到東方佛教思想的影響，他為了論證悲觀主義人生觀，曾經舉了這樣一個例子：小孩一生下來，來到這個世間，為什麼第一聲是哭而不是笑呢？他認為，這是因為人一生下來就有欲望，也許他要吃要喝，還要得到媽媽的關注與愛，這種物質與精神的欲望不能滿足，就以哭來表達這種訴求。人首先是個有自然需求的感性的人，人是有欲的，欲望既是痛苦的來源，也是快樂的來源，人如果沒有欲望了，就會失去生命的動

〔註23〕 司馬遷：《史記》，韓兆琦評注，湖南：嶽麓書社，2012 年，第 1133 頁。
〔註24〕 馬融：《忠經》，北京：中華書局，1985 年，第 1 頁。

力和活力，人生也就變得無意義了。看來人既不能無欲，也不能禁欲或縱慾，那麼，如何對待人的欲望？人不僅是有欲望的，而且是有理性的。亞里士多德認為，人是有理性的動物，這是人高於其它動物的地方，人應該過一種理性的生活，我國哲學家荀子所說的「人有辨」，其實跟亞氏所說的人有理性的意思是大概差不多的。在人的理性中，中國傳統文化特別看重道德這種實踐理性的價值，中國文化所講的心身和諧實際上就是指一個人有能力用自己的道德理性去指導和約束自己的感性欲望，從而心理平衡，行為有矩。也就是「喜怒哀樂之未發，謂之中；發而皆中節，謂之和」。〔註25〕欲望不可少，但都要發而皆中節，這樣才能達到心身和諧，也就是我們今天所說的心理平衡，沒有心理衝突。人的欲望就像一個奔馳的烈馬，而人的理性就像一個馬術高明的馭者。如果能用理性駕馭欲望這匹烈馬，人就可以春風得意馬蹄疾，而人的理性不能駕馭欲望，人就會馬失前蹄，一失足而成千古恨。由此可見，一個具有律己品質的人是一個能夠自覺用自己內心的理性精神去節制和約束人欲之私的人，理性指導和約束欲望，使其不能成為放縱的脫韁野馬，這樣才可以使自己人生無禍，身安心安，心理平衡，達到仁者壽、德者福的境界。

《管子》曾說，「無德而欲王者危，施薄而求厚者孤」。〔註26〕如果僅有欲望而無德的指導與約束，那麼，即使貴為王者，也有危亡的一天。所以，我們一定要遵從孔夫子的教導：「富與貴，是人之所欲也：不以其道得之，不處也。」〔註27〕老子也很早就認識到貪欲對人的危害性：「五色令人目盲，五音令人耳聾，五味令人口爽（爽為傷敗），馳騁畋獵令人心發狂。」〔註28〕所以對個人來說，「罪莫大於可欲，禍莫大於不知足，咎莫大於欲得」。〔註29〕「禍難生於邪心，邪心誘於可欲。」〔註30〕「樂不可極，極樂成哀；欲不可縱，縱慾成災。」〔註31〕「好勝者滅理，肆欲者成常。」〔註32〕「無厭之欲，亂之所自生也。不平之氣，亂之所由成也。」〔註33〕古人清楚認識到貪欲的

〔註25〕 朱熹：《四書章句集注》，北京：中華書局，1983年，第18頁。
〔註26〕 黎翔鳳：《管子校注》，北京：中華書局，2004年，第472頁。
〔註27〕 朱熹：《四書章句集注》，北京：中華書局，1983年，第70頁。
〔註28〕 王弼：《老子道德經注》，樓宇烈校釋，北京：中華書局，2011年，第31頁。
〔註29〕 王弼：《老子道德經注》，樓宇烈校釋，北京：中華書局，2011年，第104頁。
〔註30〕 《韓非子》，陳秉才譯注，北京：中華書局，2007年，第104頁。
〔註31〕 吳兢：《貞觀政要》，上海：上海古籍出版社，1978年，第241頁。
〔註32〕 程顥、程頤：《二程集》，北京：中華書局，1981年，第308頁。
〔註33〕 呂坤：《呂坤全集》，北京：中華書局，2008年，第823頁。

危害性，都主張要以理節之。孟子認為「養心莫善於寡欲」〔註34〕。也就是說要做到有道德並有律己之美德，應該從寡欲做起。荀子對待「欲」抱持「以道導欲」，既在道德理性的指導下，最大限度地滿足可得之欲，也包括以道德理性來節制不可得之欲，據此，荀子進一步指出：「欲雖不可盡，可以近盡也；欲雖不可去，求可節也。」〔註35〕董仲舒說：「天之生人也，使人生義與利。利以養其體，義以養其心。」〔註36〕「利」是性中「貪」即「物欲」的實現，「義」是性中「仁」的實行。人無利就沒有生存的物質基礎，而離開了義就無法正常地立足於社會，且會陷於恐懼不安而傷生。二者不可或缺。如果相反，情慾無度，失其中和，就會走向反面。老子認為「知足不辱，知止不殆，可以長久」〔註37〕。董仲舒指出，食色等情慾如果失去了禮的節制，就會放任自流，紛爭暴亂。他認為，情慾之中和，是需要通過「極理」來實現的。「極理」，即是把「理」的原則貫徹到極致，其所謂「理」，指道德和法制。

節制情慾所需要的道德亦即是「理」。人是有道德理性的動物，倫理道德是人之所獨有，是人之所以貴於萬物者，所以人必須「循理」而生活。一個憑理性而非欲望衝動行動的人，一般被看作是有教養的人，是一個人格高尚的人。人憑藉理性進行正確的行為前選擇、行為中控制、行為後反省，從而能夠使我們不僅正確地行動，而且還會使我們心安理得，心身和諧，道德高尚，人格完善，一個能以理性指導和約束欲望的人是一個律己的人，也就是一個有道德的人。

三、律己的修養工夫與境界

律己是人的道德心理與行為特徵即品質和人格，它是需要主體不斷加強修養才能獲得的，那麼，這種律己品質的修養工夫從何著手呢？它的最高境界是怎樣的呢？

1. 堅持道義，以善制惡。已如前述，一個律己的人其實就是用自己心中持有的神聖的道德律對一己之私念私欲的節制，因此，律己的修養工夫首先就應該是對道義的堅守並以善制惡。這是修養工夫中何以律、用什麼律的問

〔註34〕 朱熹：《四書章句集注》，北京：中華書局，1983年，第374頁。
〔註35〕 王先謙：《荀子集解》，沈嘯寰、王星賢點校，北京：中華書局，1988年，第429頁。
〔註36〕 董仲舒：《春秋繁露》，凌曙注，北京：中華書局，1978年，第321頁。
〔註37〕 朱謙之：《老子校釋》，北京：中華書局，1984年，第125頁。

題。一個律己的人，首先是一個有道德信念與正確人生觀、價值觀的人，並能在實踐中堅持不懈地維護這種道德律或道義的優先性、權威性、不可動搖性。而一個有自律品質的人往往都是非常有原則、而不苟且的人，不是放棄原則和道義的「鄉愿」之人而成為「德之賊也」。而一個缺乏是非感、正義感和責任感的人可能往往難以做到道德上的自持即律己。因此，加強律己品質的修養首先要求我們全面提高自己的道德素質、道德認知、形成正確的道德觀並加以堅持。如果一個人善惡不分，榮辱顛倒，那麼就可能缺乏正確的認識、判斷與選擇，視惡為善，視善為惡，就容易陷入道德的深淵。另外，有了正確的道德認識與善惡觀念，還必須有「擇善固執」的堅持與守恒精神，如果說前者是智的話，後者則是勇，大智大勇之人才可能成為「大仁」之人。

另外，在自己內心善與惡的矛盾衝突與鬥爭中，堅持以善制惡，並最終使善能夠戰勝惡。人性與人心中存在著善與惡兩種對立的要素，只是不同的人這種善惡的程度有異，如果是一個純善的人，他可能是聖人，相信一般人都是善惡參半的，在人的一生中，一個人不可能任何時間都沒有產生過惡念惡行，一個有律己品質的人就是善於調動起自己的良知、良心戰勝自己內心邪惡和貪欲的人。這就是以義節利，以公制私，以理治欲。

2. 反求諸己，三省吾身。律己是靠自律或己律而非他律來實現的，因此，主體的自覺能動性就成為律己的主要動因與動力。如果一個人壓根就不想自律而只是一味放任自流，那是很難形成律己品質的。在中國傳統道德修養理論中，儒家思想非常強調反身而誠，反求諸己的道德主體精神。孔子說「我欲仁，斯仁至矣」〔註38〕。君子謀道不謀食，憂道不憂貧，窮且益堅，不墜青雲之志。誠者天之道也，誠之者，人之道也，誠外無物，人要誠實地對待天地良心，對待自己所信奉的原則。正是這種高度的自覺主動性，調動起主體內在的道德熱情和對原則道義的堅守，並時刻反省自己是否違背了這種原則和道義，這本身就已經是律己的道德心理了。反省還要回過頭來自覺檢查自己的道德行為有無失誤，孔子要求人們「吾日三省吾身：為人謀而不忠乎？與朋友交而不信乎？傳不習乎？」〔註39〕荀子要求人們「見善，修然必以自存也；見不善，愀然必以自省也」〔註40〕。《中庸》有言：「射有似乎君子，

〔註38〕 朱熹：《四書章句集注》，北京：中華書局，1983年，第100頁。

〔註39〕 朱熹：《四書章句集注》，北京：中華書局，1983年，第48頁。

〔註40〕 王先謙：《荀子集解》，沈嘯寰、王星賢點校，北京：中華書局，1988年，第

失諸正鵠，反求諸其身。」〔註41〕朱熹要求人們「日省其身，有則改之，無則加勉」〔註42〕。張載說：「以責人之心責己則盡道。」〔註43〕這些都體現出古人在修養過程中有很高的自我反省精神和能力。現代人沒有道德自律精神，首先在於沒有這種反省自身的精神，如果沒有主體的自覺主動性和反省精神，那又何談律己的道德修養呢？因此，反求諸己，三省吾身是律己道德修養的主體工夫和精神基礎。

3. 克服盲從心理，堅持獨立人格。當代社會道德環境惡劣，諸多誘惑和陷阱使一些不堅定的人基於心理上的「從眾」性而喪失原則與「律己」品質，甚至被群貪與「窩案」所綁架，被誘惑和欺騙所蒙蔽而喪失自己的道德判斷和理性。律己品質的形成固然需要一個良好的社會道德環境，但儒家學說著力強調的仍然是「反求諸己」、求仁得仁。因此，一個有意形成「律己」品德的人在心理上要努力克服「從眾心理」甚至是盲從心理，有一種「出污泥而不染」的獨立精神。任何事情都要在自己的思想上作出獨立的善惡判斷和選擇並加以堅守。從更為深層的根源看，自由精神和獨立人格的形成不僅取決於價值觀，更取決於人生觀，在某種意義上可以說，選擇什麼，你就是什麼樣的人，也就會有什麼樣的人生。在面臨人生重大道德問題選擇時，人一定不能喪失原則而苟且從眾。如果沒有堅強的道德人格，人就容易犯錯。何以律己？「三軍可奪帥也，匹夫不可奪志也」〔註44〕，還是要靠己律，除此之外別無他途，樹立正確的人生觀、價值觀、自覺培育鍛鍊自己的律己工夫，在心理上克服從眾心理，培養獨立精神與獨立人格，是具有律己美德的必然之路。

4. 慎始慎終，防微杜漸。律己的人不僅需要有對善的信仰和對道義的堅守，而且要將這種堅守落實在一時一事的過程中，不以善小而不為，不以惡小而為之。因為「合抱之木，生於毫末；九層之臺，起於累土；千里之行，始於足下」〔註45〕。「善不積，不足以成名；惡不積，不足於亡身。小人以小善為無益而弗為也，以小惡為無傷而弗去也，故惡積而不可揜（同掩），罪大

20 頁。
〔註41〕朱熹：《四書章句集注》，北京：中華書局，1983 年，第 24 頁。
〔註42〕朱熹：《四書章句集注》，北京：中華書局，1983 年，第 48 頁。
〔註43〕張載：《張載集》，章錫琛點校，北京：中華書局，1978 年，第 32 頁。
〔註44〕朱熹：《四書章句集注》，北京：中華書局，1983 年，第 115 頁。
〔註45〕王弼：《老子道德經注》，樓宇烈校釋，北京：中華書局，2011 年，第 170 頁。

而不可解。」〔註46〕因此，一個有律己品質的人必然是一個愼始愼終，防微
杜漸的人。待人處事必有一種如履薄冰、如臨深淵的戒懼、警愼精神，對人
對事要善始善終。要具有律己品質，必須從愼始愼終，防微杜漸開始做起。「小
善雖無大益，而不可不爲；細惡雖無近禍，而不可不去也。」〔註47〕「至微
至細底事，皆當畏懼戒謹，戰戰兢兢，惟恐失之。」〔註48〕「不矜細行，終
累大德。」〔註49〕防微杜漸，而禁於未然，因爲「酷烈之禍，多起於玩忽之
人；盛滿之功，常敗於細微之事」〔註50〕。所以，「君子重小損，矜細行，防
微敝」〔註51〕。

5. 追求愼獨境界。所謂「愼獨」，一般認爲是指獨處無人知道時，自己的
行爲也要謹愼不苟。「愼獨」是儒家倡導的具有中華民族特色的道德修養方法
與道德修養所追求的崇高境界。《詩經》中早已蘊含「愼獨」思想，如「相在
爾室，尙不愧於屋漏」〔註52〕。「屋漏」本指居室之西北隅的藏神之處，引申
爲無人監督的「暗處」，這句話是說在無人監督的暗處也要做到問心無愧。《禮
記》的《大學》《中庸》篇都明確提出「君子愼其獨」的說法，「君子戒愼乎其
所不睹，恐懼乎其所不聞。莫見乎隱，莫顯乎微，故君子愼其獨也。」〔註53〕
「愼獨爲入德之方。」〔註54〕「能愼獨，故能克己不貳過，而至於三月不違。」
〔註55〕「無愼獨工夫，不是眞學問；無大庭效驗，不是眞愼獨。」（56）〔註56〕
傳統「愼獨」精神的核心和要旨就是一種道德的自律精神。它體現著人的價值
與尊嚴，是具有律己品質之人的最高道德境界。

（原載《華中師範大學學報：人文社會科學版》2013 年 4 期）

〔註46〕周振甫：《周易譯注》，北京：中華書局，1991 年，第 264 頁。

〔註47〕楊照明：《抱朴子外篇校箋》，北京：中華書局，1991 年，第 240 頁。

〔註48〕梨靖德編：《朱子語類》，王星賢點校，北京：中華書局，1986 年，第 1907
頁。

〔註49〕李學勤：《尚書正義》，北京：北京大學出版社，1999 年，第 330 頁。

〔註50〕洪應明：《菜根譚》，韓希明評注，北京：中華書局，2008 年，第 35 頁。

〔註51〕呂坤：《呂坤全集》，北京：中華書局，2008 年，第 883 頁。

〔註52〕周振甫：《詩經譯注》，北京：中華書局，2002 年，第 456 頁。

〔註53〕朱熹：《四書章句集注》，北京：中華書局，1983 年，第 24 頁。

〔註54〕葉適：《習學記言序目》，北京：中華書局，1977 年，第 108 頁。

〔註55〕王守仁：《王陽明全集》，吳光、錢明、董平等編校，上海：上海古籍出版社，
2011 年，第 953 頁。

〔註56〕呂坤：《呂坤全集》，北京：中華書局，2008 年，第 717 頁。

日本現代化過程中的社會公德建設及其對當代中國的啓示

日本的現代化始於明治維新即 1868 年，比中國的現代化早了一百多年，在此之前，也是過著傳統的生活，甚至在精神文明與道德方面還深受儒家思想的影響。但現在日本人在國際上樹立了講究文明禮貌的形象，那麼，它在實現現代化的過程中，是如何同步進行社會公德建設的？出於想瞭解日本在實現現代化過程中是如何培養並形成公民的公共文明素質這樣一個問題，我於 2008 年春夏，以客座研究員身份在日本京都同志社大學社會學部做訪問研究，不僅研究相關文獻資料，也對日本國民的日常行爲所體現出的社會公德和公共文明素質進行了實地觀察和思考。本文想就如下三個問題做些討論：一是日本現代化過程中社會公德觀念與風氣的形成；二是日本社會公德建設的一些做法；三是關於加強我國社會公德建設的幾點思考和建議。

一、日本現代化過程中社會公德觀念與風氣的形成

在被西方強行打開國門前，日本作爲一個自然條件優越的島國，過著一種傳統的以農漁爲主的生活，在精神生活與社會生活上，主要是一種家族生活和皇權政治生活。所奉行的道德主要是忠孝義勇，這種道德是一種私人性、人際性、角色性的傳統道德，沒有社會公共生活的開展，自然也就鮮有社會公德觀念的產生。

明治維新後，開放把日本強行拉入了一種國際化的現代生活，要跟西方人打交道，脫亞入歐，人們去髮結、除佩刀，住洋房、吃西餐成爲時尚，在

與洋人的交往過程中，首先日本人覺得過去自己傳統生活中的某些陋習是一種「國恥」，因此，日本在現代化的過程中，所謂的公德意識萌發於一種與西方相比較過程中產生的改變固有傳統陋習、移風易俗的「改良風俗」，建立新的生活秩序的自覺和努力。

明治政府的風俗改良政策的具體內容體現在明治五年（1872）開始頒行的「違式詿違條例」中。所謂「違式詿違條例」，就是一套取締輕度犯罪的法律，違犯者由警察施予罰金處分，無力繳納的人，則改處笞刑或拘留。這個條例的內容主要包括兩類，一是關於風俗教化的，一是關於社會秩序的。這裡僅引述若干條「東京違式詿違條例」所取締的項目：販賣春畫和類似器物者（第九條）、「身體刺繡者」（第十一條）、「經營男女共浴的澡堂者」（第十二條）、袒裼裸身露出股脛者（第二十二條）、在市中街道無廁所處小便者（第四十九條）、在商店前街道為幼兒解大小便者（第五十條）〔註1〕。這些習慣在傳統日本生活中是司空見慣的行為，在過去庶民文化裏，毫無負面意義，可是時至「文明開化」的當下，它可能就成為不文明的陋習。有些條文的內容就有鮮明的社會公德內涵。再如關於社會秩序的條文：夜間馬車不燃燈火通行者（第十七條）、嬉戲破壞路燈者（第二十一條）、往馬路等處投棄死亡禽獸或污物者（第三十六條）、清潔工人搬運糞桶不加蓋者（第四十一條）、喧嘩、爭吵、妨礙他人自由、吵鬧驚擾他人者（第四十四條）、攀折遊園及路旁花木或損害植物者（第五十八條）、夜間十二點後歌舞喧嘩妨礙他人睡眠者（第七十五條）。我們僅從中摘取了上述幾條印象深刻或較有針對性的條文，可見，其對現代公德與現代生活秩序的規定是全面細緻的，影響也是深刻的。

日本不僅制定這些條例，而且切實執行。根據明治九年（1876）的《東京府統計表》，該年東京共有10960人次受到上述條例的處罰，其中處罰最多的項目有在不當場所小便（4495人）、吵鬧喧嘩（2727人）、裸體袒裼（2091人）等。這一條例實施之時，各地還有這套法律的圖解伴隨出版，其目的顯然是在向識字無多的大眾宣揚條例的內容和重要性。總之，明治初年，政府這種以政策法律的形式禁止某些不文明行為的做法，對日本在現代化的過程中形成社會公德的良好風尚，發揮了不可低估的重要作用。

上述政府政策法律對民眾的行為提供了某種規範，從基礎文明和外在行

〔註1〕 「違式詿違條例」的條文見《日本近代思想大系》23，《風俗‧性》，東京：岩波書店1990年版，第3～29頁。

爲約束的角度對現代化過程中日本社會公德的形成奠定了基礎,以後逐步形成了公德觀念的自覺,使公德觀念與社會倫理意識逐步發達起來了。

明治初、中期,日本社會還處於由傳統社會向現代社會的轉型過程之中,因此,雖然政府制定了上述改良風俗的法規,但人們的社會公德意識還不是那麼自覺和明晰,當時指導人們精神生活和行爲實踐的仍然主要是立足於個人的家族與封建身份的忠孝思想,人們還分不清社會公德與「國民道德」的區別。「國民道德」的核心內容是忠君愛國,要求日本人視天皇爲族父、大家長,盡力奉公,這基本上是政治性的、民族主義的意識。而社會公德是指處理個人與一般人在社會生活中的日常交往關係中的基本行爲準則和文明要求,並不涉及臣民大義或民族國家的問題。隨著社會生活的進一步現代化,這種公德的觀念便逐步變得自覺起來了!「公德」一詞在日本「近代化」或現代化的過程中,最早出現在福澤諭吉的《文明論之概略》一書中,福澤利用它來顯示,傳統東亞所謂的道德大多屬於私的性質,但福澤的「公德」概念仍然是比較模糊的概念,尚不包括任何具體的內涵。在明治一二十年代模糊的社會倫理討論中,公德觀念逐漸成爲代表社會倫理意識的主要標誌。到19、20 世紀之交,日本出現了討論和宣揚公德的熱潮,學界的學者積極而集中地發表關於社會公德的文章,而日本近現代的主要媒體如《讀賣新聞》在一段時間裏連續發表文章與社論加以推動,形成了一個宣揚社會公德的熱潮。這時「公德」的主要內涵無疑是社會倫理,特別指個人有避免損害不確定的他人和公眾的義務,並應積極協助他人,創造社會公益。公德思潮在明治三十四年(1901)達於頂峰,這個潮流把社會倫理與公德的價值明確注入日本文化,可以說,到這時候,社會公德的觀念逐步明晰和確定,如苦樂道人(片桐正雄)在其著作《日本國民:品性修養論》(1903 年)中明確指出日本人不如西方人的一個重要表現,就是社會公德素質差。他說日本人一聚眾,與公共事務相關的公德心就會被遺忘,上下車爭先恐後、亂折公園花木、隨地亂丟垃圾、污染道路環境等。在這種論述中,社會公德的含義是十分清楚的。

以後,政界、知識界、民間團體等長期致力於推動這個價值的實現,使社會公德逐漸成爲日本社會一般的生活習慣。當然,社會公德由社會精英和政府所提倡的觀念到國民普遍的公德素質與生活方式,經過了一個漫長的過程。由開始近代化到明確提出並形成社會公德的觀念,曾經歷了三十多年的

時間，要使大多數國民具有這種現代公共生活素質又要經過一個長期的建設
過程。到上世紀三四十年代，仍然有日本的學者和作家感歎日本國民之社會
公德的缺乏。如日本作家谷崎潤一郎在 1935 年發表的《漫話旅行》一文中就
指出：「我每次坐火車感到不愉快的，便是乘客缺乏公德心——就以一件小事
爲例，無論是到餐車去或是上廁所，沒有一個人會順手把通道的車門關緊的。」
〔註2〕這說明社會公德的建設是需要時間和過程的，因此，雖然我們有時感歎
國人社會公德素質的欠缺，但不可否認也是有進步的。從日本社會來看，這
個建設過程，經過了整整一個世紀的努力，才逐步形成了公民的良好社會公
德素質。

二、日本社會公德建設的一些做法

那麼，日本在現代化的過程中，是如何推動社會公德建設的呢？經過初
步研究分析，我們認爲他們的主要做法體現爲如下幾個方面。

第一，政府主導，法律先行。毋庸諱言，在東方國家，我們素有社會事
務政府主導的傳統，這是因爲我們的傳統社會中鮮有「市民社會」的發育，
國人的自我管理能力差，社會事務大多由政府主導。從前面的敘述中可以看
到，在日本走向現代化的過程中，社會公德建設實際上首先體現爲政府主導
下的立法行爲，這先於民間的觀念自覺和行爲養成。因爲法律是社會管理的
硬規範，而道德則是一種軟規範，社會公德與其說是觀念性的，不如說更多
的體現爲公民日常生活的外顯的行爲律令，要使一些傳統的生活陋習迅速轉
變爲一種現代的文明行爲和生活方式，通過立法的外律也許來得更快捷更有
效，因爲它不像其他深層的價值觀或道德觀體現著更多的思想性和自覺自律
性，而是具有更多的習慣性、外律性、約束性。日本的法律先行，並長期堅
持，已證明是一種社會公德建設的成功做法。

第二，學者啓蒙，民間推動。當然，僅有政府主導也是不夠的，社會公
德畢竟是涉及人群很廣的一種社會道德，任何道德要成爲公民的自覺行爲，
而不僅是被動服從，總是要有觀念上的自覺認同，這就需要學者的啓蒙和民
間的推動。實際上，這也確實是日本建設社會公德的做法。史料顯示，在明
治三十四年，知識界存在著廣泛探討公德觀念的熱潮，當年出版的《丁酉倫

〔註2〕〔日〕谷崎潤一郎，陰翳禮贊——日本和西洋文化隨筆〔M〕，丘仕俊譯，北
京：三聯書店，1992：114。

理會講演集》第七輯有「公德論的終局」一文，該文列出了知識界18篇討論公德的論文，限於篇幅在此不一一引述。公德觀念的倡導得到知識界的整體支持，一些重要學者、政治家、宗教家、新聞記者都很關注，議論不斷。更重要的是一些知識界的元老也出來為公德聲張，有力地推動了社會公德觀念的形成。

另外，在此建設過程中，有些民間文化團體也是自覺主動地致力推動。比如，一個名叫「日本弘道會」的組織，從明治三十四年前已開始倡導公德，它由著名文化人西村茂樹創辦並長期擔任會長。明治三十三年12月該會出版一本《西村會長公德養成意見》，致力推動公德建設並要求其會員率先實行，做眾人表率，此文後發表在次年1月19日《讀賣新聞》三版上，產生了很大影響。資料顯示，在明治三十六年（1903）時，日本弘道會有三萬名以上的會員，遍佈全國，是推動公德最用力的一個團體。

第三，媒體宣傳，輿論引導。媒體或者說報業的興起，是社會現代化的一個標誌，也是現代公共生活的重要特徵。伴隨著日本的現代化，也產生了在現代日本社會仍然發揮巨大作用的幾家主要報紙，如《讀賣新聞》、《朝日新聞》、《每日新聞》、《產經新聞》等。在推動日本社會公德建設方面，《讀賣新聞》發揮了巨大的作用。明治三十四年的社會公德熱潮在某種意義上就是媒體推動的結果。這一年始，《讀賣新聞》的頭版頭條是一篇新年宣言，昭告該報該年要努力的目標之一是「將更為公德養成與風俗改良盡微薄之力」，並發表了社論文章《社會改革的目標——公德養成》，從此日到1月8日，每天頭版都刊有公德問題的論說或事例，而且在該年1月至4月，該報共登載了150項有關如何培養公德的實例，並開設了一連串的「公德養成風俗改良演說會」，後來又將這些成果彙集出版。一份重要報紙能持續花這麼大力氣，以極大的熱情進行公德觀念的倡導，這實在是難能可貴，而且容易產生影響，實際發揮了對公德建設的輿論宣傳引導作用。其實，在當時不僅是《讀賣新聞》一家報紙在推動此事，據有關方面統計，當時東京一地的幾十家報章雜誌，大概沒有不曾介紹公德觀念的。

第四，加強教育，從小抓起。倫理問題，固然要依靠政府主導，立法先行，民間推動，輿論引導，但更需要加強教育，養成習慣。日本在現代化過程一開始，就注意從小孩教育上抓社會公德教育，在明治初年的文明開化過程中，有一本使用非常廣泛的《童蒙教草》，其中全書29章中有18章屬於社

會倫理的範圍。明治三十四年 4 月 13 日，第三次全國聯合教育會在東京召開，文部省向該會提出咨詢案：「如何在小學、中學培養公德的方法」，該會經過反覆審議，提出了申答書，並達成製作公德歌曲的決議，委託帝國教育會執行。該會不但承接編製歌曲的工作，還特別集合學者，編寫了一部公德問題的理論專書：《公德養成》。文部省從明治三十三年（1900）開始組織編寫了一套國定修身教科書，於三十六年（1903）開始使用。在第一次《國定小學修身教科書編纂趣意報告》所列出的德目分析表中，社會道德幾乎占三分之二的課時量，涉及了 25 個項目：包括尊重他人的自由、他人的財產、他人的名譽、謝恩、正直、禮儀、同情、慈善、公益、社會秩序等等，這說明社會公德在其國民教育體系中獲得了重要地位並得到國民教育體系的有力支持，這也是日本社會公德建設的重要促成力量和主要做法。

第五，制度保證，狠抓落實。一種社會道德的形成，固然離不開教育和人們的自覺，但更離不開良好的制度安排和保證，這樣更容易促成一種文明行為的養成並有利於長期得到落實。從日本的做法看，不僅要有制度，更重要的是要有專人對制度的落實負責。比如，收垃圾就要有專門的機構和人員來收集垃圾並加以處理。又比如說，在日本街道上，我們會經常看到穿制服的人在落實一種社會規則和實現對人的保護。到上學上班的時間，路口就會看到有穿特定服裝的人在維持交通，保護並引導小學生們過馬路；在任何一個有基建工程的出入口，總是最少要站兩個人，直接指揮出入車輛，引導行人注意安全。

三、關於加強我國社會公德建設的幾點思考和建議

第一，提高認識，專題建設。這裡我想說「提高認識」絕不是一句套話，而是實實在在的需要。在現代化和全球化的過程中，各個民族在實現經濟全球化的過程中，會努力保持本民族獨特的精神文化、道德文化，但是由於社會公德是全人類最基本的日常規則，作為一種文明的基本準則，它確實具有某種普世性和國際性，另外現代生活的公共性較之傳統社會也日益突出，我們必須具備良好的社會公德素質，才能受到世界各國人民的尊重。但是長期以來，我們並沒有把現代化過程中的社會公德建設提高到如此高度來看待，在我們的道德建設中，總認為國民的政治道德是最重要的，把具有鮮明意識形態色彩的社會主義道德教育放到首要地位。當然這裡並不是說這種道德建

設不重要，每一個國家總有自己的意識形態和國家意識，對自己的國民進行這種政治道德信仰和國家主義道德教育，對於本國的社會治理和精神動員是不可缺少的。日本在相當長的歷史時期內，其道德教育的主旨也是國家主義的。但是我們不能因此而把社會公德的教育放到可有可無的地位。道德自身有其內在結構，社會公德在道德結構中是每一個人在現代生活中所必須具有的基本素質。

所謂專題建設，是說我們應該把社會公德或者說公民的現代公共文明素質作為一個專門的建設項目加以長期的關注和努力。我們的社會道德建設，總體上還不是那麼具體深入，不能說我們不重視道德建設，但是這種道德建設的科學性、系統性還有待進一步提高。比如，近年來，我們黨和國家的道德建設主管部門每年都會舉行一次「全國公民道德建設論壇」，但其主題總是一個很泛化的與政治口號結合很緊密的命題，如「公民道德建設與和諧社會」等，召開這樣的論壇似乎更多地注重於其宣傳造勢效果，其對道德建設的實際推動效果則不好評估。道德建設需要系統規劃，科學落實，圍繞主題，集中突破。當前中華民族的道德建設，應該把解決現代公共文明素質、加強社會公德教育作為一個具有全民性甚至普世價值的目標認真加以專題建設。這要求我們首先要改變過去不重視社會公德的傾向，把它當作是生活小節和道德小事的觀點。另外，我們在問題意識上，長期還存在不明晰，一提社會公德還把它當作國家公民道德的「五愛」甚至泛化為除家庭等私人道德之外的全部社會道德，而不是把它定位為公民在現代日常生活與交往中的公共文明素質和基本行為準則這個含義上。

第二，政府主導，全民參與。政府主導不僅是東方國家的傳統，而且被看作是我國社會主義制度優越性的集中體現，我們黨和政府也確實具有很強的社會動員能力和組織系統。改革開放三十年來，我們在經濟建設方面，確實走出了一條令世界矚目的獨特的發展道路和模式，也取得了顯著的成績。但是我們在精神文明與道德建設上似乎還沒有找到一條適合中國特色的科學有效的建設途徑和方法。因此在當代中國抓社會公德建設，並不是要不要黨和政府主導的問題，而是黨和政府如何更加科學有效地主導的問題。我們有領導道德建設的專門機構如黨的宣傳部門和精神文明建設委員會。我們應該在提高認識的基礎上加強這些部門在道德建設決策上的前瞻性、民主性、科學性、社會動員和工作組織的有效性，更好地發揮黨和政府主導的作用。不

僅發揮地方的積極性，還應該繼續發揮中央的集中領導和策劃組織作用。

當然，社會公德建設作為一種全民運動，不僅需要黨和政府的主導，更重要的是需要全民參與。首先應該發揮民間參與的積極性和主動性。比如，學者、媒體、民間團體都應該積極參與這一社會建設運動，為中華民族的道德文明素質進步做出自己的貢獻。學者應該不僅在書齋研究，利用媒體為社會公德大聲呼吁，開辦公德講座宣傳鼓動，而且還應該積極向政府建言獻策，提出科學的建設方案。媒體在這方面就更要發揮其推動作用。在中央近年來新一輪的道德建設號召下，很多媒體設立了相關專題專欄，如「道德觀察」、「公益廣告」等，對中國的道德進步發揮了積極作用，但媒體的主動性、積極性、科學性、持久性較之我們前述的《讀賣新聞》的努力尚有距離，他們似乎只是對中央號召的回應，有的公益廣告被商業廣告衝擊的只有在沒人看的時段才去播。近年來，隨著我國公民社會的形成，民間的非政府組織也有一定的發展，不僅有一些綠色環保組織和社會慈善組織，而且還產生了一些致力於推動文化建設和道德建設的民間自發組織。這些都是道德建設上令人振奮的好消息，但從總體上看，我國的公益公德民間組織發展得還不夠充分，有的組織的運行也是舉步維艱，社會影響力不夠大，缺乏政府的足夠支持，這都要求我們在進行社會公德建設甚至整個社會道德建設中，還要繼續發揮民間和全體人民的積極性和創造性。

第三，「守」「為」並行，「仁」「義」並重。在日本建設社會公德的過程中，西村茂樹把公德以性質區分為消極與積極的兩類，消極的公德就是不傷害他人和公眾的有所「守」，而積極公德則是主動有利於他人和社會的有所「為」。明治中期的學者浮田民和能勢榮則用仁義觀念來解釋社會公德，這實際上是用傳統道德範疇在分析兩類社會公德的精神實質和動力源泉，即「仁」相當於積極性公德，「義」相當於消極性公德，仁的實質是仁者「愛」人的積極性情感，而「義」的實質則是「敬」即尊重他人權利和尊嚴的理性意識。這種概念解釋和分析框架對加強我國社會公德建設提供了非常有啟發的思路。臺灣中央研究院的陳弱水先生根據這種思路，並借鑒當代英國思想史家以賽亞·伯林（Isaiah Berlin, 1909～1997）把自由區分為消極的自由與積極的自由的做法，對社會公德的兩類不同性質進行了更進一步的分析。他認為，所謂消極並沒有不重要和負面的意思，而是指「不作為」、「有所守」式的社會公德行為，而積極性的社會公德行為則是指「有所為」的行為。這樣的區

分在於說明積極性與消極性的公民行爲有明顯的差別，這兩者在行爲上有高度的分離性，積極性的公民行爲並不一定能導致消極性公民行爲的改善。比如，珍視自己作爲公民的參政權利、擔任義工、捐款給慈善機構，這些都是一種積極性的公民行爲。但有這些行爲的人並不必然具有遵守社會秩序、維護交通秩序、愛護公共財物和注意衛生等這樣「有所守」的消極性社會公德。雖然這兩者都很重要，不可或缺，但在個人行爲上，似乎消極面經常具有優先性和重要性。比如，要保持我們生活的周邊環境的衛生，是鼓勵人們義務清掃更有效呢？還是抑制扔垃圾、倒污水的行爲更重要呢？答案顯然是後者〔註3〕。

　　陳先生的這種分析，在我看來，對於當代中國的社會公德建設是非常富有啓發性的。中國傳統道德以仁爲核心和起點，中國傳統的公觀念倡導「以天下爲己任」，這種抽象的普遍的道德呼籲雖然其精神是可貴的，但卻不具有操作性，而對消極性的公民行爲規範，由於我們傳統生活中缺乏社會公共生活的拓展，這方面的資源相對貧乏。在現代社會，「公德最核心的內涵就是，公民在日常生活中應該避免損害公眾的集體利益以及其他個別社會成員的權益，公德是一種不作爲性、消極性、有所守的行爲，它要求人們不要爲自己的利益或方便而傷害陌生人與社會」〔註4〕。在傳統中國社會，「五倫」均是熟人關係，而現代社會公德主要是要處理陌生人之間的關係，儒家道德的宗法家族性、等差性等精神都使我們在現代社會缺乏處理公共關係的文化資源。那種以仁愛之心爲起點，以天下爲公爲終極目標的道德號召是傳統社會道德精英文化的產物，而在現代社會，社會普遍的日常公共生活要求每一個公民首先要做到「有所守」的消極公德，這樣才能成爲一個能過上現代公共生活的合格公民，才會維護社會生活的基本秩序。因此，在當代中國社會公德建設上，雖然要堅持「守」、「爲」並行，但要以「守」爲先，這樣，我們的社會公德建設才可能會在短時間內取得實效。

　　與此同時，我們在思考道德建設的主體精神動力問題時，不僅要重視仁愛之心的擴充，而且需重視「尊重」義理的客觀秩序精神的發揚。

　　不可否認，「愛」是任何公民倫理體系所不可或缺的精神價值和淵藪，愛能促成社會合作、互助，愛能促人積極參與群體生活，可是，「愛」基本上是

〔註3〕陳弱水，公共意識與中國文化〔M〕，北京：新星出版社。
〔註4〕陳弱水，公共意識與中國文化〔M〕，北京：新星出版社。

主觀的，社會的規模很大，成員多爲互不瞭解的陌生人，穩定的生活秩序的形成必須依靠合理行爲法則（法律、風俗習慣）的建立和遵行。即使從感情的角度看，「愛」也不見得是公民倫理所最需要的情操，也許「尊重他人」即「敬」與公民倫理的關係更爲密切。「愛」和「尊重」的性質相當不同。愛是從主觀的感情外推的，具有某種特殊主義的意味，能普遍愛所有的人是聖徒而非常人，而「尊重」則是一種不干涉、肯定他人的態度，是一種平靜的心情。愛與敬可能並存也可能不在一個人身上並存。「尊重」比較容易發展成善待他人的習慣。不同於「愛」，「尊重」最能在「有所守」的消極社會公德方面發揮作用。大概所謂守法、守秩序、守規矩的所謂消極性社會公德多是以尊重爲心理基礎，根本無須動用到愛心。如前所說，社會公德在現代社會主要是處理陌生人之間的關係，對於陌生人都不認識何談愛呢？實際上做到尊重不僅是重要的而且也是可行的。

在古代一般思想者的心目中，「義」和「仁」的一個關鍵區別是：「仁」出於自然的感情，「義」爲具有客觀性的道理，兩者都是道德意識與行動的重要基礎。仁可以說產生於人心，而義則是產生於社會客觀秩序的義理。仁是基於人性之內在感情而生，而義則是因外在客觀的人倫關係而生，因此，義的根本在於一種客觀的倫理精神而不是主觀的道德情感。中國傳統的道德思維按照正統儒家思想都是循著內聖外王的路線，因此，特別強調仁義的內在性，甚至長期把仁作爲全部道德的起點，認爲只要有人心中的愛就會解決一切社會道德問題，把社會道德歸因爲個體道德，這種道德思維方式從今天的觀點看，是有很大缺陷的。殊不知，我國倫理道德的起點不僅是仁，而且還有義。今天我們要非常重視「義」作爲一種客觀倫理精神和社會倫理精神源頭的重要意義，而社會公德，按我們上面的討論，它是社會普遍的秩序要求即「有所守」，因此，它的價值基礎與動力根源應主要是「敬」與「義」而非「愛」與「仁」。

第四，強化教育，制度保證。社會公德建設重在教育養成。令人可喜的是，我國中小學近年來開展的教育教材改革工作取得了很大成績。作者有幸參加了國家教育部中小學《思想品德》課教材的審查工作。在新教材中，社會公德和人的基礎文明的內容增加了很多，但是在我看來，還沒有達到應有的分量和高度，還應該進一步把公德教育生活化、經常化，甚至要採取各種教育形式如像日本那樣採取公德歌等等。當然經過我們這些年的努力建設，

我個人有一個和某些學人的調查結論不同的觀察和看法，即在我國當前，就社會公德的素質來看，青少年較之成人其社會公德素質是好的，因此，我們不僅要繼續加強青少年的社會公德教育，還要探索如何加強成人的社會公德和公共文明素質教育問題。

　　另外就是制度保證。我們在上面已有闡發，這種制度可能是一種全面的制度體系，不僅包括宏觀的立法、設施、財政等方面的制度支持和保證，而且也應該從細處著手提供制度保證。

（原載《道德與文明》2008 年第 4 期）

韓國孝道推廣運動及其立法實踐述評

　　孝道不僅是我國傳統文化與傳統道德的首要價值基礎和道德要求，而且在韓國等東亞國家同樣具有悠久的傳統和深遠的影響。自上世紀中葉韓國開始走向工業化、現代化以來，其傳統文化特別是孝道文化漸漸褪去了其應有的光環，孝道文化的消解帶來了整個社會的道德失範。韓國民間的一些有識之士深刻地認識到這一問題的嚴重性，於是從上世紀 70 年代開始，一些民間志士和團體就發起了孝道文化推廣運動，並且針對現代化的歷史背景，賦予了孝道文化新的內涵和意義。民間的推動使得韓國政府也對弘揚孝道文化重視有加，在民間和官方的共同努力下，2007 年 7 月世界上第一部《孝行獎勵資助法》在韓國國會獲得通過，這可以說是孝文化發展史上具有里程碑意義的標誌性事件。我們曾就這一主題兩次訪問韓國，和韓國的學者進行了交流，並翻譯、分析研究了相關的資料、法律文本，本文欲對韓國的孝道推廣運動及其立法實踐進行述評。近十多年來，我國民間對孝文化弘揚的呼籲和實踐方興未艾，因此，我們相信本文的介紹分析會對我國產生「他山之石，可以攻玉」的借鑒意義。

一、韓國民間孝道推廣運動述評

（一）韓國民間孝道推廣運動的主要形式

　　其一，大力推動孝文化的學術研究。任何社會運動都需要文化上的啟蒙作為先導，韓國的孝道推廣運動也非常重視孝文化的學術研究，在社會團體的推動和資助下，一批批研究孝文化的新著問世。其中重要的代表著作有 1977年出版的姜育哲先生的《孝和社會教育》，1988 年出版的全易中先生的《父母

和家庭教育》，以及 90 年代出版的高麗文化史編輯部所編的《行孝之路》。值得一提的是對孝道立法起到關鍵推動作用的崔聖奎先生，他關於孝道推廣的研究著作很多，比較著名的有《孝之延續》、《孝學概論》、《聖經與孝》、《孝神學概論》等，不但對孝文化的推廣史進行了探究，而且還把孝的內涵擴充到七大方面。另外，韓國學術界還針對孝文化的推廣專門成立了「韓國孝學會」，從 1998 年開始發起、2001 年孝學會正式成立以來，吸引了越來越多的學術專家和人才，許多重點大學和科研機構都有孝學會的會員進行孝文化的研究工作，該學會堅持每年至少召開一次孝學術研討會，至今已經成功舉辦過 14 次大型的學術研討會，每次除了會員以外，還圍繞主題邀請國內外的其他專家學者與會共同討論，收到了很好的成效，有力地推動了孝文化的深入研究，爲整個孝運動的開展提供了思想上的支持。

其二，成立孝行推廣基金會（財團），獎勵家庭孝子孝女的活動。家庭雖然向核心化轉變，但仍然是孝道推廣的最重要載體。爲了鼓勵家庭中尊老、敬老的孝道行爲，一些宗教和企業財團發起並成立了一系列孝行福利財團，設立各種孝行獎，以獎勵行孝的孝子孝女。其中最著名的財團是三星福利財團和聖山青少年培養財團。三星福利財團成立的宗旨是發揚傳統孝文化，建設健康社會環境。該財團從 1976 年開始設立孝行獎，獎勵全國範圍內行孝突出的人士，獎勵對象由各地市的政府、國家教育部、宗教團體等推薦，經過兩輪的審查和現場調查，每年最終確定 12 名獲獎人。聖山青少年培養財團是由仁川純福音教會發起的民間財團，該財團設立的目的是爲了加強對青少年的德行特別是孝行的培養，該財團設立「模範青少年大獎」，以獎勵有突出事迹的孝行模範青少年。該財團主要是通過各地的教育部門每年推薦 700 餘名候選人，再通過審查和調查從中選出 8 名「模範青少年獎」獲得者和 7 名「善良兒童獎」獲得者。這些財團孝行獎的設立，獎勵了先進人物，爲社會樹立了學習的標杆，有效地激勵了各地孝行運動的推廣。

其三，以學校爲媒介推廣孝文化。由於核心家庭對子女孝道教育的作用減弱，學校的教育作用應該在孝道推廣過程中得以凸顯以彌補家庭教育之不足。在民間社會團體的大力宣傳下，許多中小學都開展了孝道文化專題課程，並舉辦了許多豐富多彩的孝文化課外實踐活動，使同學們切身體會到孝行的作用和意義。與此同時，民間社會財團資助出版了一系列青少年孝行課外讀物，如《孝道故事》，《二十四孝歌謠》等朗朗上口、圖文並茂的精彩小書籍。

另外，民間社會團體還資助設立了孝文化研究的專門大學——聖山孝大學院大學校，該學校以培養孝學博士和碩士研究生爲主，以培養社會孝行指導者和中小學教師爲目標，以支持未來社會和中小學的孝行教育活動。

其四，志願者服務運動。爲了輔助孝運動更好地推廣，一些社會志士自發組成了孝行志願者服務團，長期開展志願者服務活動。有些志願者定期去福利院做義工，幫助照顧福利院的孤寡老人，主要工作是陪他們聊天，表演文藝節目，以消除這些老人的孤獨感，增加他們的幸福感。有些志願者服務團主要承擔的是社會宣傳工作，比如組織宣傳孝道的市民遊行，到社區散發一些孝道推廣運動的傳單等。還有一些志願者服務團是專門由青少年組成的志願服務團隊，例如聖山青少年志願服務團主要是開展孝文化宣傳活動、孝發展大會活動、孝行實踐活動以及孝獎勵活動，不但教育了志願服務者本人，而且還宣傳了孝文化，另外對青少年父母的行孝意識也有所激勵，因爲孩子若是成爲了父母的榜樣，其對父母的促動作用將會成倍放大。〔註1〕

（二）韓國民間孝道推廣運動的主要特徵

首先，韓國民間社會孝道推廣運動具有很強的組織性。在學術方面有專門的孝學會來統一組織，孝行獎勵活動有專業的財團進行組織，體現了有效的組織性特徵，對此前面已有交代，在此不再贅述。除了這些專門的組織性體現之外，韓國民間孝運動的推廣還有一個重要的統一協調組織——韓國孝運動團體總聯合會。該聯合會的作用就是爲整個孝運動的發展制訂藍圖和規劃，統一製作民間孝運動團體的宣言文，並協調各孝運動推廣團體的日常推廣活動，避免互相矛盾與衝突，有效地組織每一支孝運動推廣力量，使其發揮最大的功效。

其次，韓國民間社會孝道推廣運動具有強烈的實踐性。在韓國孝運動團體總聯合會制訂的「孝是人類生存的動力」宣言書中明確說明：「有必要通過具體的實踐把孝作爲人生之理加以深入化。」也就是說對於孝文化的推廣重在實踐，而不是僅僅空喊一些口號。每一個孝行推廣團體或財團都有專門人士負責監督把每一項活動落到實處，活動的實際效果又作爲下次活動制訂計劃的參考因素。

再次，韓國民間孝道推廣運動具有宗教參與性。韓國的大多數宗教與儒

〔註1〕최성규，孝가살아야，성산서원（2003），pp.271～275。

家文化融合之後，對孝道文化都非常重視，並積極參與或支持孝道推廣運動。其中對民間社會孝道推廣運動作出重要貢獻的宗教應該非基督教莫屬了。韓國的基督教是韓國三大宗教之一，在韓國影響巨大。基督教會把《聖經》的孝道思想與儒家之孝思想結合起來，多數教會在禮拜時都會宣傳孝道思想來呼應民間的孝道推廣運動。並且一些有條件的教會組織還成立了孝行財團，例如上文提到的聖山青少年培養財團等，這些宗教財團不僅設立孝行獎，創立了社會福利院，而且還創辦了大學以推動孝文化的教育事業，例如聖山孝大學院大學校即爲基督教會所創。

最後，孝觀念具有泛化和創新性。韓國傳統的孝道內涵主要是指養老、敬老、愛親、祭祖的思想，在封建社會曾出現過「移孝爲忠」的愚孝思想，後來受到資產階級的猛烈批判，愚孝思想基本上被根除了。隨著工業化的迅速發展，孝道推廣的專家學者認爲，必須根據時代的發展對孝道概念進行適當的創新，以更好地推動孝文化的傳播與推廣。於是韓國學術界展開深入研究，並提出了一系列孝道創新思想，其中最有代表性的是以崔聖奎會長爲代表的孝運動團體總聯合會提出的孝道「七大理念」：實踐敬天愛人思想；孝敬父母和師長；關愛兒童、青少年學生；愛家；愛國；熱愛大自然，保護環境；愛近鄰，服務全人類。並且崔聖奎先生認爲這七大理念具有「通教、通念、通時」的三通特徵，即「孝是超越宗教、宗派對立而將之融爲一體的通約性價值；孝是超越不同理念和思想差異的普遍性精神；孝是超越不同時代和空間的永恒性文化」〔註2〕。這種對孝思想的拓展其實就是借助了儒家「推己及人」的思想，「移孝爲愛」並把孝的內涵無限放大了，實際上已經變成了以孝爲核心的核心價值體系，在思維方式上與我國傳統的「泛孝主義」有類似性，但其內容則具有一些現代性特徵，如其「熱愛大自然，保護環境」就是現代環境倫理思想的體現，「服務全人類」也具有某種國際主義的普適性價值。

二、韓國國家孝立法述評

（一）韓國孝立法的進程

韓國的孝道立法經歷了一個民間人士呼籲醞釀、討論準備、強力推動，最後國會議員提案，經過相關法律程序，最終立法的過程。

〔註2〕〔韓〕崔聖奎，孝就是希望〔M〕//韓國孝運動團體總聯合會宣傳冊，2007：8～16。

面對「孝」逐漸消失在社會之中的尷尬現實，爲了提倡孝文化，強調孝之重要性，韓國一些行孝之人懷著「只有孝的存在，才能拯救所有人，拯救全世界」的內在信仰，積極自發地組織從事振興推廣孝文化運動的社會團體，建立學校等，付出了大量心血和努力。以孝運動團體總聯合會崔聖奎會長爲代表的有識之士認識到制定以倡導獎勵行孝的孝之教育和孝文化爲中心的孝行獎勵法（簡稱孝行法）的必要性，參照新加坡《贍養父母法》，從 2003 年開始組織有關制定孝行法的孝學術大會，揭開了韓國孝立法的序幕。

爲了制定一部科學合理的「孝法」，韓國的相關專家和學者主要依託韓國孝學會這一學術組織進行有關孝立法的討論和協商，從 2003 年到 2005 年以韓國孝學會爲中心的孝學術大會共舉辦了 6 屆，每屆大會都有重要的理論成果問世，主要是以孝學會論文集的形式發表。通過孝學術大會的討論和協商，孝行法制化得到了各界社會人士的支持，完成了孝行法律草案的準備工作。

由於立法草案製作過程已經完成，接下來孝運動團體便開展了一系列宣傳立法草案內容及其重要性的活動，最重要的是開始頻繁接觸相關國會議員，與他們溝通與協商提交孝立法草案之事宜。2005 年 4 月柳必宇議員和 2005 年 5 月黃宇如議員分別向國會保健福利委員會提出了「孝行獎勵資助法議案」和「實踐孝行獎勵及資助的相關法律議案」。爲了使提交到國會議事日程的孝行獎勵法草案早日順利通過，2006 年 1 月韓國孝運動團體總聯合會組成「孝行獎勵法推進總部」，推進向國會等相關機關的遊說活動，以傳達倡導行孝之人的一致心聲。

經過上述精心的準備和籌劃，行孝之法的通過已經水到渠成。2006 年 2 月至 6 月，國會相關分委員會分別審議並通過了行孝法草案。2007 年 7 月 2 日，《孝行獎勵資助法》經過議會集體表決高票獲得通過，從此世界上第一部孝立法誕生了。

（二）韓國孝立法的主要內容

其一，立法目的與孝之界定。韓國《孝行獎勵資助法》第一章第一款便規定了孝立法的目的：「本法律旨在以國家政府名義對那些把美好的傳統文化遺產——孝付諸實踐的人進行獎賞資助，鼓勵推廣宣傳行孝來達到解決當今老齡化社會面臨的各種問題，爲國家發展提供原動力，甚至爲世界文化發展作出貢獻。」也就是說，該立法的目的就是與民間孝道推廣運動相呼應，以政府的名義來獎勵孝行實踐，鼓勵宣傳孝道文化，最終解決老齡化社會遇到

的實際問題。

　　韓國孝法文本並沒有採用民間孝道推廣運動過程中「移孝爲愛」的孝之拓展定義，而是回歸孝之傳統內涵來定義孝概念。《孝行獎勵資助法》第一章第二款對孝概念定義如下：「『孝』指的是子女贍養父母等，以及與之相關的服務……『父母等』指在《民法》第 777 條中有關親人的各種尊稱。」韓國《民法》第 777 條對親人的規定是「8 寸以內的直系血親；4 寸以內的姻親；配偶」。相當於中國五服以內的血親、三服以內的姻親、配偶。也就是說，韓國孝行法倡導的是在家庭內部贍養老人的行爲。

　　其二，孝行鼓勵與資助措施。韓國《孝行獎勵資助法》第二章第四條規定：「保健福利部部長，與相關中央行政機關的首長每五年一次共同協商制定孝行獎勵基本規劃。」其基本規劃包括以下幾個方面的內容。1.對孝行教育進行鼓勵，《孝行獎勵資助法》第二章第五條規定：「國家及地方自治團體努力在幼兒園、小學、中學、高中進行孝行教育；國家及地方自治團體努力在嬰幼兒保健所、社會福利設施機構、終生教育機關、軍隊等地方進行孝行教育。」2.對行孝之人進行表彰和資助，《孝行獎勵資助法》第三章第十條規定對那些孝行突出的子女要及時進行表彰，並且第三章第十一條規定國家和民間團體對於贍養老人的國民可以資助其部分贍養費用。3.向父母等長輩提供居住設施，《孝行獎勵資助法》第三章第十二條規定：「國家或地方自治團體向與子女共同居住於一個住宅房或住宅區域內的父母等提供具備與之相應的設備和功能的居住設施，以此表示獎勵行孝行爲；國家或地方自治團體可以依照第一款規定向提供居住設施服務的供應者，進行資助。」4.爲了更好地推廣孝行實踐，國家對民間孝道推廣團體將提供支持和資助，《孝行獎勵資助法》第三章第十三條規定：「國家及地方自治團體對從事孝行獎勵工作的法人、組織或個人，可以補償其必要費用的一部分或者全部，而且也可以適當支持其相關的工作。」

　　其三，設立孝文化振興院以及設定孝之月。《孝行獎勵資助法》第二章第七條規定：「爲了獎勵和資助、振興孝文化相關事業和活動，可設立孝文化振興院」，並指出了設立孝文化振興院的目的和意義。關於孝文化振興院的業務範圍《孝行獎勵資助法》在第二章第八條也做了具體的規定：「與振興孝文化相關的調查研究；與振興孝文化相關的相關信息綜合及提供；與振興孝文化相關的教育活動；與孝文化振興相關資源的開發、評價以及支持；與振興孝

文化相關的專門人才的培養；對那些從事孝文化振興運動的團體的資助；保健福利部政令中規定的與振興孝文化相關的其他業務。」

《孝行獎勵資助法》第二章第九條規定：「為了加強社會對『孝』的關注和鼓舞激發子女的孝的意識，把每年的 10 月份規定為孝之月。」在每年的 10 月份，將由政府和自治團體出資組織一系列的孝行推廣活動，以加強對孝道推廣運動的宣傳。

（三）韓國孝立法的基本特徵

其一，韓國的《孝行獎勵資助法》是一部獎勵法。各國的民法或婚姻法等普通法律在涉及贍養老人的問題上，主要是採用一般法律的權利義務觀念來約束養老、敬老的問題，這是一種消極層面上的法律規定，即如果公民或組織不盡贍養老人的義務，那麼法律就可以追究其責任，重則還會定罪，而那些盡了贍養義務的公民則屬於應當之行為，一般法律並沒有規定獎勵之措施，這樣就使民眾普遍缺乏積極主動的法律參與意識。就算一些專門法比如中國的《老年人權益保障法》有部分條款涉及獎勵方面的內容，但也只是籠統地提了一兩句，並沒有規定具體的獎勵措施，很難實行，並且其大部分條款還是在強調老年人的權益保障和養老之義務，並沒有規定盡了義務之後如何獎勵資助的措施。而韓國的《孝行獎勵資助法》正文內容全部都是如何獎勵孝行的計劃和措施，並且獎勵措施非常具體，具有很強的可操作性，可以說對孝行問題採用的是積極層面上的法律規定。如果可以把強調不盡義務就會得到懲罰的一般法律稱之為懲罰法的話，那麼韓國的《孝行獎勵資助法》顯然應屬於一種獎勵法的範疇。

其二，韓國的《孝行獎勵資助法》是一部行政法。所謂行政法是指「調整國家行政機關在行使其職權過程中發生的各種社會關係以及對行政活動進行監督的法律規範的總稱」﹝註3﹞，即凡是國家行政機關為了處理公共事務行使職權的活動就屬於行政法的範疇。縱觀整個《孝行獎勵資助法》，其履行法律的主體都是相關國家行政機關或具有行政性質的自治團體，並由這些國家機關或自治團體履行其職權來處理孝行推廣和獎勵等公共事務。例如，由保健福利部長官會同相關中央行政機關的首長共同制訂孝行獎勵基本計劃；由保健福利部長官實施表彰行孝突出之人的職權；對孝行的一般資助是由國家

﹝註 3﹞皮純協、胡錦光：《行政法與行政訴訟法教程》﹝M﹞，北京：中央廣播電視大學出版社，1996：2～3。

及地方自治團體來實施的；孝文化振興院的設立和運作也是受保健福利部監管的。很顯然，韓國《孝行獎勵資助法》並不像民法等一般法律那樣調節的是公民或法人之間的關係，而是調節行政主體與公共事務主體之間的法律關係，因此可以說韓國《孝行獎勵資助法》實質上是一部行政法。

其三，韓國的《孝行獎勵資助法》是一部推動法。韓國孝運動團體總聯合會會長崔聖奎在爲《孝行獎勵資助法》寫的序言中說道：「孝是五千年以來我們民族力量的源泉，也是拯救家庭、社會和國家的原動力。孝是最韓國化也是最世界化的文化⋯⋯沒有人會反對孝，但非常令人惋惜的是，我們都認可孝的必要性，但在實踐中我們的社會卻並不盡如人意。老齡人口一直在增長，但我們對老人的敬重和孝卻越來越少。」也就是說，雖然韓國國民都認可孝之重要性，但在現實中卻缺乏孝道的實踐行動，而解決老齡化等社會現實問題需要的正是對於孝道踐行的有力推動。因此制定一部推動孝行教育和孝道推廣制度化的法律，來構築一個行孝的社會氛圍，正是韓國社會所需要的。而韓國的《孝行獎勵資助法》正體現了這一特點，其法律文本幾乎全是關於支持孝行教育和孝行實踐的內容。與其他國家贍養父母的相關法律比較起來，韓國孝行法的推動性特徵是比較典型的。

三、分析、比較與啓示

（一）孝道問題的自覺與弘揚

從上述我們對韓國孝道推廣運動和立法情況的介紹，可以看出，韓國較之我國進入市場經濟社會比較早，作爲「亞洲四小龍」之一，其經濟發展也較我們早一步，在走向現代化的過程中，隨著個人觀念的滲入、家庭結構的核心化、老齡人口的增加，傳統孝道在現代社會面臨著挑戰，韓國對這一問題有較早的覺醒和認識，從上世紀 70 年代開始，在發展經濟的同時，就對孝道的弘揚有了高度的自覺和實踐推動。中國在上世紀 50 年代之後，長期將孝作爲封建文化的核心加以摒棄，從上世紀 90 年代開始，隨著我們對傳統文化的重新重視，也有學者開始重視孝道的研究與弘揚。我國從世紀之交進入了老齡社會，社會養老問題也日益突出，在道德與精神生活領域，我們能否繼續將傳統道德的首要價值觀念和首德在現代生活中加以發揚光大，這個問題也擺在了我們的面前。從韓國的實踐來看，我們有理由相信，孝道在當代社會，有利於解決養老問題，有利於形成孝親尊老的良好社會風氣，孝的實踐

有利於增強親子、代際與社會和諧，有利於增強人們的社會責任感，有利於增強民族凝聚力，有利於構築民族共同精神家園，因此，我們也應該在全社會弘揚中華孝文化。

（二）德法並舉是弘揚孝道的有效途徑

從韓國的實踐看，在弘揚孝道方面之所以取得成功，一個基本經驗就是堅持德法並舉。

孝道首先是人們的一種道德觀念和道德實踐，因此，必須以道德教化的形式努力推動。同時，在現代社會，法律在調節社會生活中發揮著越來越廣泛和重要的作用，因此，借助法律的力量弘揚孝道也是韓國孝道推廣運動的成功經驗。所以，我們也應積極探索我國孝道立法的相關事宜。

早在 2004 年，南京市老齡委主任就建議在刑法中增設「不孝罪」條款，不久後成都市一位名叫李宗發的律師向四川省人大提交了一份《四川省父母子女家庭關係規定》即「孝法」的立法草案建議稿，希望四川省能為「孝」立法。這些事例說明在中國孝道立法工作也開始進入了人們的視野。

但是，我國的這些提議似乎都是在負面懲罰意義上提出的，懲罰是要懲戒不孝，而這種不孝會有程度上的差異，在法律訴訟和取證方面也會有很多困難，因此，這種提案沒有得到更多人的響應。而韓國的《孝行獎勵資助法》主要是一種鼓勵性、獎勵性法律，而且還具有行政法的特點，重在調節政府行政主體在弘揚孝道方面的權利義務關係，因此，其立法就較容易取得社會共識並得以通過。

那麼，孝法究竟要立成一種什麼樣的法？並不是說懲戒型的法就不能立，只是說它可能較為複雜，韓國的《孝行獎勵資助法》雖然只是一種政策性的鼓勵法，但它對在全社會弘揚孝道的積極作用不容否定，我們應該在立法的過程中，借鑒韓國的相關經驗，不斷進行積極探索。

（三）弘揚孝道需要動員並重視民間力量的參與

我國素有社會教化運動政府主導的傳統，這本身也沒有什麼錯，不過在當今小政府大社會的時代，精神教化方面的事，更應重視社會各個階層和民間力量的參與。我們應該借鑒韓國的相關經驗，喚醒民間孝道推廣的自發性，以便提高孝道推廣的實效性。

首先，要倡導成立 NGO 孝學研究機構。其次，要積極鼓勵社會企業人士

捐資興孝。最後，仍要發揮學者的理論研究、媒體的宣傳推廣、民間組織的實踐推動等力量對孝道弘揚的積極作用，這樣全社會動員，相互配合與支持，只有政府和民間上下協調、齊抓共管，中國的孝文化復興才能早日到來。

（原載《道德與文明》2009 年第 3 期）

中國倫理思想史研究的回顧與展望

一、回顧

　　中國文化是一種倫理型文化，倫理道德在中國傳統社會裏佔據著極為重要的地位，是中華文明的核心。改革開放後，倫理學學科重建，在 1980 年中國倫理學會成立後不久，以密雲會議爲標誌，中國倫理思想史的系統研究就開始了。1982 年夏天，中國社會科學院哲學所倫理學研究室受中國倫理學會的委託，在北京密雲水庫旁舉辦了一次小型的中國倫理學史座談會，與會的近二十名專家、學者充分肯定了研究中國倫理學史的重要意義，討論了研究工作中的許多重要問題，會議邀請張岱年先生作了題爲「談中國倫理學史的研究方法」的報告，這對後來的研究具有重要的指導意義。

　　從此之後，中國倫理或中國倫理思想史的研究呈現出空前的學術繁榮景象。我認爲，在這 30 年的發展中，20 世紀的後 20 年〔註1〕和本世紀的 10 年在研究上具有明顯不同的特點。下面分別從通史、斷代史、學派、問題專論幾個方面對前一階段的研究做一簡單回顧。

　　在通史研究方面，20 世紀 80 年代有三本重要著作，一是貴州人民出版社出版的由陳瑛、溫克勤、唐凱麟、徐少錦、劉啓林等人合著的《中國倫理思想史》，這是新時期或新中國第一本比較全面系統的中國倫理思想史著作；二是浙江人民出版社出版的由沈善洪、王鳳賢兩人合著的《中國倫理學說史》（當年只出了上卷，下卷於 1988 年出版），分量很大，材料豐富，思路清晰，下

〔註1〕20 世紀後 20 年的倫理學研究回顧，可參見陳瑛的《關於中國倫理學史的研究》，載《哲學研究》，2002 年第 3 期。

限至五四運動，由於它較大的學術影響，近年，由人民出版社又出版了三卷本；三是朱貽庭主編，張善城、翁金墩、江萬秀等人撰寫的《中國傳統倫理思想史》於 1989 年在華東師範大學出版社出版，四十餘萬字，分量適中，長期為讀者特別是倫理學研究生所廣泛閱讀，近年也出了新版。

1992 年，黑龍江教育出版社出版了張錫勤、孫實明、饒良倫三人主編的《中國倫理思想通史》，上下兩卷共八十餘萬字，分量也比較大，有自己的學術見解，但由於在地方出版社出版，印數少，因而學術影響較小。樊浩的《中國倫理精神的歷史建構》（江蘇人民出版社 1992 年出版）、陳少峰的《中國倫理學史》上下冊（北京大學出版社 1997 年出版），都是有個人見解的中國倫理思想史的通史類著作。姜法曾的《中國倫理學史略》，是他在 1979 年至 1980年間為人民大學哲學系研究生和進修教師講課的一部講稿，1991 年整理出版。

張錫勤的《中國傳統道德舉要》（黑龍江教育出版社 1996 年出版）和焦國成的《中國倫理學通論（上）》（山西教育出版社 1997 年出版）都是以問題為線索撰寫的中國倫理學史。前著涉及問題面廣，對問題的把握精準，近年來又出了增訂版；後著以自己所理解的十個問題來概括先秦時期的倫理思想，也有較高的學術水平。

由國家教委組織、羅國傑主編的《中國傳統道德》六卷本（中國人民大學出版社 1995 出版），是建國後倫理學界在中國倫理學史研究方面的一個重大學術成果，它不單純是對學術資料的整理，其問題和體系也反映了作者們對中國倫理問題的全面把握和獨到見解。

在斷代史研究方面，朱伯崑先生的《先秦倫理學概論》於 1984 年由北京大學出版社出版，這也是作者在 1979 年至 1980 年間為人民大學哲學系研究生和進修教師講課講稿的基礎上整理出版的，是新時期最早的斷代史研究成果，有較高的學術水平。唐凱麟著的《走向近代的先聲——中國早期啟蒙倫理思想研究》（湖南教育出版社 1993 年出版），是研究明末清初啟蒙時期倫理思想的一本專著。

張錫勤、饒良倫和楊忠文編著的《中國近現代倫理思想史》（黑龍江人民出版社 1984 年出版），是新時期最早的一本研究近代倫理思想史的專著。徐順教、季甄馥主編的《中國近代倫理思想研究》於 1993 年由華東師範大學出版社出版。此書雖名為「近代」，但下限與上述張著一樣，都是寫到毛澤東、劉少奇等的思想為止。張豈之、陳國慶的《近代倫理思想的變遷》也於 1993

年由中華書局出版，本書的下限是五四運動。如果說上述三本均是近現代倫理思想史的「照著講」的話，那麼，張懷承的《天人之變——中國傳統倫理道德的近代轉型》（湖南教育出版社 1998 年出版）則以自己的獨特視角對近代倫理道德進行了專門研究。

唐凱麟和王澤應的《20 世紀中國倫理思潮問題》（湖南教育出版社 1998 年出版），是一本以 20 世紀為時間界限，以三大思潮為問題緯度的學術專著，下限至當代的羅國傑，是一本有較高學術水平和填補空白的著作，2003 年由高等教育出版社作為研究生教材再版。另外，王澤應還著有《現代新儒家倫理思想研究》（湖南師範大學出版社 1997 年出版）。

在學派倫理思想研究方面，研究儒家的著作有李樹有主編的《中國儒家倫理思想發展史》（江蘇古籍出版社 1992 年出版），陳谷嘉的《儒家倫理哲學》（人民出版社 1996 年出版）；研究道教倫理思想的有姜生的《漢魏兩晉南北朝道教倫理論稿》（四川大學出版社 1995 年出版），姜生、郭武合的《明清道教倫理及其歷史流變》（四川人民出版社 1999 年出版）。研究佛教倫理的有王月清的《中國佛教倫理研究》（南京大學出版社 1999 年出版）。1999 年初，由湖南大學出版社推出了一整套《中國傳統倫理道德文化叢書》，其中的《成人與成聖》（唐凱麟、張懷承著）講述儒家倫理道德，《無我與涅槃》（張懷承著）講述佛家倫理道德，《自然與道德》（王澤應著）講述道家倫理道德。

在領域、問題與專論研究方面，研究德育與修養的著作有：張祥浩的《中國古代道德修養論》（南京大學出版社 1993 年出版），江萬秀和李春秋的《中國德育思想史》（湖南教育出版社 1992 年出版），陳谷嘉和朱漢民的《中國德育思想研究》（浙江教育出版社 1998 年出版）等。其他還有何兆雄主編的《中國醫德史》（上海醫科大學出版社 1988 年出版），龔友德的《中國少數民族道德史》（雲南人民出版社 1998 年出版）以及研究武德史方面的著作，等等，限於篇幅，不再一一盡述。

如果說 20 世紀的最後 20 年進行的是中國倫理思想史的研究，那麼，在新世紀，學人們的研究視野已經有了相當大程度的轉換，由思想史逐步深入到生活史的研究，在「照著講」的基礎上開始「接著講」，在歷史敘述的基礎上真正有了自己的分析詮釋和觀點看法，並且開始注意中國倫理思想的現代超越研究，研究水平達到了新的高度。

新世紀的研究成果，在整體性研究方面的著作有：吾淳著的《中國社會

的倫理生活——主要關於儒家倫理的可能性問題的研究》（中華書局 2007 年出版），是一本真正研究性的著作，提出了很多富有創見的觀點。崔宜明、朱承著的《中國倫理十二講》（重慶出版社 2008 年出版），採取的是問答這種更為活潑的形式，按歷史順序講述中國倫理思想的發展，試圖以問題來概括和統馭各個時期的時代主題。羅熾、白萍著的《中國倫理學》（湖北人民出版社 2002 年出版），全書共分「人生篇」、「人倫篇」、「人成篇」、「人貴篇」四篇十二章，以自己獨特的視角和論題對中國倫理學進行了研究論述。梁韋弦著的《中國傳統倫理思想研究》（黑龍江人民出版社 2007 年出版）對中國傳統倫理的重要問題，如義利觀、道德與政治關係、人倫學說與道德原則、家庭倫理、禮節原則、理想人格、道德修養和教育、各學派的分歧等問題進行了研究論述。蕭群忠著的《中國道德智慧十五講》（北京大學出版社 2008 年出版）從人生觀、價值觀和道德觀的維度，分析了中國傳統倫理的人性、處世、處己、處人、義利、公私、理欲、德才、孝、忠、仁、義、禮、智、信、中庸等問題，不僅進行了歷史梳理、義理分析，而且還對其現代意義進行了分析闡述。陳瑛主編的《中國倫理思想史》（湖南教育出版社 2004 年出版）縱橫交錯、史論結合，在把斷代和問題相結合的探索上取得了可喜成就；羅國傑主編的《中國倫理思想史》（中國人民大學出版社 2008 年出版）是一本晚出的著作，由於先生前些年諸事纏身，未能及時對已經寫出的初稿進行核定以致晚了十多年出版，從學術形態上看，這本書的體例仍然是上世紀的中國倫理「思想史」的研究，雖晚至近期出版，但該書論述周延準確，仍有很高的學術價值。

張錫勤、柴文華主編的《中國倫理道德變遷史稿》上下卷（人民出版社 2008 年出版）是我國第一部完整論述中國倫理道德變遷而非倫理思想史的專著，雖然還可再多取一些小傳統、俗文本的材料，但畢竟它開創了一條不再視中國倫理研究完全等同於中國倫理思想研究的新路。這個團隊的柴文華、孫超、蔡惠芳著的《中國人倫學說研究》（上海古籍出版社 2004 年出版），是這一方向研究的局部深化。

在斷代史方面，值得關注的有如下三本書：一本是許建良著的《魏晉玄學倫理思想研究》（人民出版社 2003 年出版），分量厚重，填補空白；另外兩本是陳谷嘉的兩本斷代史著作——《宋代理學倫理思想研究》（湖南大學出版社 2004 年出版）、《元代理學倫理思想研究》（湖南大學出版社 2010 年出版），

前書由於受到學界重視和好評，已於 2006 年再版，後書則更是填補了學術空白，其學術獨創性尤其難能可貴。

研究的深化不僅表現在總體性研究方面，而且還體現為對若干重要倫理範疇和問題的研究，如王子今著的《「忠」觀念研究——一種政治道德的文化源流與歷史演變》（吉林教育出版社 1999 年出版），鄒昌林著的《中國禮文化》（社會科學文獻出版社 2000 年出版），蕭群忠著的《孝與中國文化》（人民出版社 2001 年出版），鄭涵著的《中國的和文化意識》（學林出版社 2005 年出版）等，對中國倫理的重要觀念和問題進行了較為深入的研究。傅永聚、齊金江、修建軍主編的《中華倫理範疇叢書》（中國社會科學出版社 2006 年出版），已經出了仁、義、孝、慈、廉、恥、善、信、和等十餘本。這套書雖然研究深度尚有學術空間，但其全面系統研究中國倫理範疇、進行學術資料整理的努力值得肯定。

另外，新世紀的研究不僅「照著講」中國倫理思想和倫理生活是如何的，而且「接著講」中國倫理在現代社會條件下，在全球化條件下如何實現創造性轉化，使其真正成為現代道德文明的精神資源。這方面的重要著作略舉幾例：唐凱麟、曹剛著的《重釋傳統——儒家思想的現代價值評估》（華東師範大學出版社 2008 年出版），邵龍寶、李曉菲著的《儒家倫理與公民道德教育體系的構建》（同濟大學出版社 2005 年出版）（三聯書店 2008 年出版），戢鬥勇著的《儒家全球倫理》（2004 年出版），蔡德麟、景海峰主編的《全球化時代的儒家倫理》（清華大學出版社 2007 年出版）。總之，30 年來，中國倫理或中國倫理思想史的研究取得了非常重要的學術進展和豐碩成果。

二、展望

回顧是為了總結，以利於今後的研究，本人就今後研究中視野和方法的轉換、研究目的和未來方向等問題談點自己的看法。

首先在研究視野和方法上，應該堅持如下幾個方面的統一。既是思想的又是生活的。這方面已經為新世紀的研究所注意，只是相對於思想，倫理生活方面的研究還尚待加強。既是倫理的又是文化的，即研究中國倫理必須放在中國文化這樣一個大的背景和視野中進行，得出的結論才可能是全面的、科學的，這是因為倫理在中國文化中具有重要的地位和廣泛的滲透性，它與中國的政治、哲學、教育、宗教、生活等都密切相關。既是經典的又是世俗

的；既是廟堂的又是田野的；既是精英的又是草根的。這是說，我們在取材和研究視角方面，不能僅僅盯著經典文本、士大夫文本，還要重視一些通俗的、民間的材料，從思想內容上不僅重視大傳統也要重視小傳統，不僅關注治平天下的倫理，也要關注民眾生活和修身養性的倫理。這兩個方面有時會有比較大的差異，如義利觀上士大夫的主流應然教化觀點往往是義以為上的，而百姓的實際生活價值觀和國民性也許是重視功利的，只有兼顧二者才能取得對中國倫理的真實的學術認知。不僅是「在中國」的而且也是「中國的」，所謂「在中國」的，即是以西方的解釋系統和解釋概念來肢解中國的倫理傳統，挖掘所謂的「中國倫理思想」；而「中國的」就是從中國倫理文化的本身存在狀態出發，無論是在取材、問題上，還是在話語形式上都必須如此，只有這樣才會形成真正的中國倫理研究的特色，才能發出我們的聲音。比如，在受西學影響很大的一些學者看來，倫理學一定是哲學的即形而上的，一定是知識的即是一個深刻的邏輯的體系。其實，在中國文化中，倫理在我看來不僅僅是哲學的，甚至在很大程度上不是哲學的，而是人生的、生活的，因為中國人不僅講「極高明」，而且還要「道中庸」，甚至「極高明」之事只是少數人的，而「道中庸」才是大多數人的。黑格爾批評《論語》只是一些名言格句的集彙，儘管如此，《論語》仍然是中國人的「聖經」。又比如，中國倫理學的第一範疇「仁」雖然在《論語》中有 109 見，但孔子卻從來沒有給「仁」下一個全面而邏輯的定義，這在某些堅持以西方知識論觀點看待中國倫理的人看來，可能又是非知識的，然而恰恰這種非知識的倫理智慧卻指導著中國人治平天下、安身立命。甚至到了 21 世紀，世界上一些有識之士仍然大聲疾呼，要從兩千多年前的孔子那裡尋找智慧。中國倫理可能不是邏輯分析和嚴密的知識論證，而是直覺心證體悟的。

提出釐清研究中國倫理學史的目的問題，也許有人會質疑其必要性，但有時在對一事物進行相當長時間的研究後，似乎又應該觀照一下這種原點性的問題，否則我們也許會迷失方向。在我看來，研究中國倫理學的目的有如下幾方面。第一，繼承弘揚傳統道德文化遺產，繁榮倫理學術文化。這一目的是知識性、學術性的，是基礎。第二，在繼承的基礎上實現中國倫理文化的創造性超越，構建形成並輸出中華文化的核心價值觀，推動中華文化的復興和道德文明的光大。這也就是前面所講的「照著講」和「接著講」的問題。倫理學不僅是一門事實科學，而且是一門價值科學，倫理史的研究不僅要具

有史學重視事實、追求真理的特性，而且要有價值分析、價值建構，要重新塑造當代中國的核心價值觀，為全民族和國家尋找、建構精神方向、價值原則，並在中華文化出現復興曙光的時期，讓中國的倫理文化走向世界，以中國文化的光輝影響世界，使中華民族對世界文明的進步做出貢獻。第三，為民眾的生活提供價值指導和行為規範，為民眾的安身立命、修身養性提供精神資源。任何一種倫理學研究如果僅僅滿足於某些知識論的自鳴得意和學者的自吟自唱，那將是可悲的。一個倫理學者一定要有價值關懷，捨此，倫理學的研究將可能成為「學問皆為稻粱謀」的吃飯的飯碗，或者精神上自我陶醉的麻醉劑和自命清高的資本。從一個更大的視野看，錢穆先生認為，中國社會是一個士人社會、士人政治，這說明擁有知識的「士」或知識分子對中國社會的影響是很大的，而西方則是「上帝的事上帝管、凱撒的事凱撒管」，這使西方社會的知識、政治與宗教多有分殊性，陶醉在自我封閉的知識世界的學者們對社會生活和政治的影響其實是不大的，這可能會促進學術的發展，但卻無助於學術的社會作用的發揮。

基於以上的分析，我認為未來中國倫理學史研究應該堅持如下幾個方向：第一，研究要有中國特點，成果和話語形式要有中國特色。不要把中國話說得中國人都聽不懂，真理是簡單的、樸素的，生活之樹常青！如果最接近生活的倫理學的話語方式是民眾甚至是同行都聽不懂、看不懂的，那麼這種敘事的價值就會大打折扣。第二，極高明而道中庸。一方面面向經典、研究中國道德形上學，闡發中國倫理的義理，提出更為深刻和獨到的解釋，另一方面，面向民眾生活、面向小傳統、面向俗文本。克服目前的「上不著天，下不落地」的局面，既沒有深刻的理論，又不願意貼近生活、貼近民眾和貼近實踐，這樣的狀況會阻礙中國倫理學史研究的進步。第三，堅持史與論的結合。研究歷史是為了現代，任何歷史都是當代史。要建設具有中國特色的當代倫理學，不僅要汲取西方倫理學的理論營養，而且，要通過對中國倫理學史的研究，為當代中國倫理學的建設和進步提供本土的理論、學術和思想資源，不要光講人家的東西，而是要講出自己獨特的東西，不能充分吸取本民族偉大道德智慧的倫理學將是沒有希望和前途的。

（原載《道德與文明》2011 年第 1 期）

儒者的安身立命之道

20 世紀以來，儒學失去了其官方統治思想的地位，但人們在對儒學的認識中似乎還是多注意它的治國安邦的功能。實際上，儒家學說還有另一方面的內涵和功能，這就是它可以向人們提供一種安身立命之道。換言之，通過學儒可以獲得一種心身平衡之術，從而心安理得，寵辱不驚，心平氣和。這種安身立命之道，既不是像佛教那樣看破紅塵，寄託來世；也不是像道教那樣追求得道成仙；而是依靠學儒者自覺加強學習、領悟、修養，從而能獨善其身，依靠道德來安身立命。這正如孔子所說：「朝聞道，夕死可矣！」（《論語·里仁》）對於今天的學儒者、修儒者，儒學中包含的這種安身立命、修身養性的內涵和功能也許更加重要。這是儒學貢獻給當代中國人的寶貴財富，也是我們重新重視儒學的內在理由。本文擬就這一問題作些討論。

宋孝宗的《三教論》說：「大略謂之，以佛修心，以道養生，以儒治世」；清朝的雍正皇帝也說：「佛教治心，道教治身，儒家治世」。這兩位皇帝說的是一個意思，即以治世爲儒家學說的主要特徵。這樣說並沒有錯，但不夠全面。如果深入到儒家學說的內部，實際上儒家的思想邏輯是只有內聖才能外王，而且，儒家本身具有深厚綿長的心性論傳統，如何使人安身立命是儒家另一重要的關懷；因此，儒家學說不僅包括治平天下之道，也包括安身立命之道。儒家學說激勵士人以天下爲己任，但當他們遭遇挫折時，他們的人生該如何安頓呢？這自然需要一種安身立命之道。正如德國漢學家羅哲海所說「儒家學說除了讓道德行爲者維持自尊、免於自慚形穢以及擁有心靈的快樂之外，並沒有許諾任何個人報酬。」〔註 1〕

〔註 1〕〔德〕羅哲海著：《軸心時期的儒家倫理》，鄭州：大象出版社，2009 年 2 月版，第 246 頁。

孟子說：「古之人，得志，澤加於民；不得志，修身見於世。窮則獨善其身，達則兼善天下。」(《孟子·盡心上》)儒家的安身立命之道，廣義上包括窮達兩種人生境遇時應如何自處，即孟子所言「窮不失義，達不離道」。「達不離道」，是要求我們通達時不要得意忘形，不要同流合污等等。但在我看來，所謂儒家的安身立命之道，主要是針對「窮」時的狀況而言的。所謂「窮」，就是儒者的理想不能實現，人生的境遇處於一種相對不得志甚至是困厄的狀態。在這種理想與現實相衝突的情形下，如何做到安身立命，似乎才更有意義，此正如《史記·孔子世家》所言：「不容然後見君子」。真正的儒者常常會面臨困厄，比如孔子和孟子的人生境遇就典型的體現出這樣的命運。《荀子》中記載，孔子師徒被困於陳、蔡之間，子路詢問為什麼上天竟然對為善者施以這種災厄，孔子回答說：「且夫芷蘭生於深林，非以無人而不芳。君子之學，非為通也，為窮而不困，憂而意不衰也。」(《荀子·宥坐》)這裡轉述孔子的話，直接說到：君子之學，不僅僅是為通達顯世，也是要解決如何在不得志的情形下而不困惑，遇到憂患而意志不衰退。正是因為儒家學說本身具有這樣的思想資源和理論特色，因此，我們不必在遇到挫折時退隱山林或遁入空門，實際上憑藉儒家的安身立命之道，就能在現實人生中安之若素，獨善其身。因此，儒家學說可以使我們進退總相宜，窮達皆緣義。

那麼，安身立命的含義是什麼？怎樣才算做到了安身立命？如何才能達到安身立命，換言之，儒者是憑藉什麼樣的精神力量達到安身立命的境界的？

一、何為安身立命？

安身首先包括存身、護身。護身，就是保護自己的肉體生命不受傷害，如不立於危牆之下，不登高臨危，在險惡的人生與政治環境中保護自己的身家性命，這都是安身之含義。正如孟子所言：「知命者不立乎岩牆之下。盡其道而死者，正命也；桎梏死者，非正命也。」(《盡心上》)

安身不僅是一個事實問題，也是一個價值問題。作為事實問題，包含儒者的衣食住行、生死壽夭、功名利祿等等；但如何看待這些存在狀況，使自己能安之若素、不為所動，保持心安之狀態，則是價值問題。因此，所謂安身的本質是安心或心安，也就是對個人的人生遭際有正確的認識，從而樂天知命。這樣，安身問題最終就歸結為立命問題。

那麼，如何才算是立命或如何立命呢？對此，孟子說：「盡其心者，知其

性也。知其性,則知天矣。存其心,養其性,所以事天。夭壽不貳,修身以俟之,所以立命也。」(同上)可見,儒家或儒者的安身立命之道,就是獨善其身,修身養性,終身不二。因此,儒家不僅把道德看作是治平天下的根本,而且也把它看作是個人安身立命的基礎。

如何安身立命的問題,實際上是如何處理義與命的關係的問題。義者宜也,指人應該如何去做,指人的道德修為。「莫之致而至者,命也」(《孟子·萬章上》),命是指人力所無法支配的東西,即命運遭際。儒家義命論的核心觀點是義以立命,知天命而盡人事:無論命運如何,都不放棄對道德的追求。雖然命運是一種不以人的主觀意志為轉移的人生境遇,但人仍然要在命運面前保持獨立人格,獨善其身。三國時魏國的李康撰有《命運論》一文,較好地闡發了這種思想:「夫治亂,運也;窮達,命也;貴賤,時也。……吉凶成敗,各以數至,咸皆不求而自合,不介而自親矣……然則聖人所以為聖者,蓋在乎樂天知命矣。故遇之而不怨,居之而不疑也。其身可抑,而道不可屈;其位可排,而名不可奪。」該文承認窮達、貴賤、吉凶成敗,這都是命,是受「時」、「數」等客觀因素的制約的,但主張人要保持獨立的人格精神,高揚「身可抑而道不可屈」的氣節,培養淡泊名利富貴的心態。要克盡人力,不懈地修養和弘道行仁,如有不得,則安之若命。對仁義道德這些求之在我者,要求盡心修養,不稍懈怠;對於聲色味臭等物質享受,是求之在外者,能否得到不是完全由我的人力所決定的,人們要抱持一種「求之有道,得之有命」的態度。君子要修道德,習仁義,立忠貞,樂天知命,寵辱不驚,富貴不動,安之若素。南朝時劉孝標認為,君子的人生態度應該是:「居正體道,樂天知命,明其無可奈何,識其不由智力。逝而不召,來而不距(拒),生而不喜,死而不戚。瑤臺夏屋,不充悅其神;土室編蓬,未足憂其慮。不充離於富貴,不遑遑於所欲。」(《劉孝標集校注》)

二、安身立命的狀態與境界

那麼,具體來說,怎樣才算達到了安身立命?或者說,一個安身立命的儒者具有哪些特徵呢?在我看來,起碼有以下幾點。

第一,「知命、立命」的人生定見。「子曰:『道之將行也與,命也;道之將廢也與,命也』。」(《論語·憲問》)在孔子看來,道之將行將廢這都是命。孟子也認為孔子是承認命的,他說:「孔子曰『有命』。孔子進以禮,退以義,

得之不得曰『有命』。」(《孟子‧萬章上》) 天命是一種客觀的必然性，客觀命運與主觀努力總是有一致或不一致之處，理想和現實也是有差距的。因此，人要立命，先要知命，孔子曰：「不知命，無以爲君子也。」(《論語‧堯曰》)只有知命，才能樂天。積極入世，努力奮鬥，自強不息，這些都是屬於「求之有道」的範疇，至於能不能得，那就是「命」了。知命與努力是儒家思想一個問題的兩面：努力是其動力積極性要素，而知命則是其解壓平衡機制。正如梁啓超先生所說：「知命與努力，原本是不可分離，互相爲用的……知命與努力，是儒家的一大特色，也是中華民族的一大特色，向來偉大人物，無不如此。」〔註2〕因此，一個能安身立命的儒者，必然對義命關係有正確認識和定見，一個君子必然是知命之人。

第二，「獨善其身」的道德追求。如前所述，儒家的安身立命之道多指儒者在不得志情況下的自處之道。如果說治平天下之道是儒者的進取之道的話，那麼，安身立命之道也就是儒者的退守之道。在通達時，我們自然要兼濟天下；而在窮的狀態下，我們就只能獨善其身了。本來，修身就是齊家、治國、平天下的基礎和根本，道德的追求是儒家的根本目標，我們對此要終身守之，始終不渝，而且要「窮且愈堅，不墜青雲之志」，要「富貴不能淫，貧賤不能移，威武不能屈」(《孟子‧滕文公下》)。

第三，「安之若素」的行爲方式。《中庸》有言：「君子素其位而行，不願乎其外，素富貴，行乎富貴；素貧賤，行乎貧賤；素夷狄，行乎夷狄；素患難，行乎患難。君子無入而不自得焉。在上位不淩下，在下位不援上，正己而不求於人則無怨。上不怨天，下不尤人。故君子居易以俟命，小人行險以徼倖。」所謂安身，也就是安其所處之位而行事；所謂素位而行，也就是守著自己現時所處的地位而行事，不羨慕行其地位以外的事，當運數機遇還未到時，就要安之若素，有一顆平常心。就如姜太公之賦閒釣魚，諸葛亮之樂躬耕於隴畝，不正是在「依待天時」嗎？即如陶淵明之「採菊東籬下」，仕進之路已絕，也不失其志與德，安然處之。

第四，「心安情樂」的精神狀態。如果說安之若素是安身立命之儒者的行爲特徵，那麼，心安情樂就是其精神狀態。心安是由於他們對自己的命運有清楚的認識，對自己的行爲有良好的自控，對自己的道德有高度的自信，對

〔註2〕夏曉虹編：《梁啓超文選》，北京：中國廣播電視出版社，1992年版，第506頁。

自己的人格操守有充分的自尊，因此在心理上形成了一種心平如境、不假外求、怡然自得的平和狀態。他們的精神狀態是快樂的：得志時，樂其政；不得志時，樂其道。《荀子・子道》中說：「子路問於孔子曰：『君子亦有憂乎？』孔子曰：『君子，其未得也，則樂其道；既已得之，又樂其治。是以有終身之樂，無一日之憂。小人者，其未得也，則憂不得；既已得之，又恐失之。是以有終身之憂，無一日之樂也。』」這就是說，只有君子才會有長久的快樂而無一日憂愁，小人則是有長久的憂愁而無一日之快樂。因為君子無非是為自己得道或者將道貫徹在政治治理中，因此，君子即使在不得志時甚至陷於貧窮困厄時，他們也不改其樂。「子曰：『飯蔬食飲水，曲肱而枕之，樂亦在其中矣。不義而富且貴，於我如浮雲。』」（《論語・述而》）孔子曾讚揚他的學生顏回：「賢哉，回也！一簞食，一瓢飲，在陋巷，人不堪其憂，回也不改其樂。賢哉，回也。」（《論語・雍也》）到了宋代，周敦頤提出「孔顏樂處」，指的就是孔子和顏回這種安貧樂道的態度，即不為自己的處境不好而憂，卻為能在困難條件下堅持道義而樂。

三、何以安身立命？

何以能安身立命？安身立命的主體是人，人的主體性是安身立命的內在根據和主體力量。這種主體的內在根據和力量包括以下幾方面。

第一，「德者得也」的價值信念。儒學或中國倫理學的一個重要價值信念是「德者得也」，即有德者不僅可以得道、得民、得天下，而且可以得利得福。人的命運遭際是隨「義」而定的：善有善報，惡有惡報，一個人的吉凶福禍是上天對他的善惡行為的報應。《左傳・襄公二十三年》說：「禍福無門，唯人自召。」《易經・坤・文言》曰：「積善之家，必有餘慶；積不善之家，必有餘殃。」子曰：「舜其大孝也與！德為聖人，尊為天子，富有四海之內。宗廟饗之，子孫保之。故大德必得其位，必得其祿，必得其名，必得其壽。故天之生物，必因其材而篤焉。故栽者培之，傾者覆之。詩曰：『嘉樂君子，憲憲令德。宜民宜人，受祿於天，保祐命之，自天申之。』故大德者必受命。」（《中庸》）這種觀點可以說是儒家占主導地位的觀點和價值信念。雖然在歷史上曾經也有王充的性命兩異論，即認為「命」「義」兩異，個人的吉凶福禍、貧富貴賤雖由命定，但與他的善惡操行無關；在現實中往往又有大量吉凶與德行分離的狀況，但是儒者和大多數中國人還是堅信福善禍淫的價值信念。

價值信念在某種意義上也是一種信仰而非理性，它並不完全因客觀上的德福不一致而改變。在儒者的精神生活中，這種價值信仰是他們安身立命的最深層的精神支柱，即使在陷於困境時，仍然對這種信念保持著真誠的信仰；即使在現實生活中這種道德的努力幾乎無法得到回報，他們也絕不放棄，從而把儒者引向近乎宗教般的信仰和堅強的人格。

第二，「義以為上」的價值標準。儒家或儒者的首要價值觀就是堅持道德的至上性，「義以為上」是一個安身立命之儒者終生的行為價值標準。也就是說，他們的做人行事均以義為標準：「不義而富且貴，於我如浮雲」，「富與貴是人之所欲，不以其道得之，不處也；貧與賤是人之所惡也，不以其道得之，不處也。」（《論語‧里仁》）「非其義也，非其道也，祿之以天下，弗顧也；繫馬千駟，弗視也。非其義也，非其道也，一介不以與人，一介不取諸人。」（《孟子‧萬章上》）如果不符合義和道，就是把天下都給我作為俸祿，我連理也不理。「不仕無義。……君子之仕也，行其義也。」（《論語‧微子》）君子出來做官，是履行義務、弘揚道義。有道則仕，無道則避。「道不行，乘桴浮於海。」「天下有道則見，無道則隱。」（《論語‧泰伯》）「邦有道，則仕；邦無道，則可卷而懷之。」（《論語‧衛靈公》）「義之所在，不傾於權，不顧其利；舉國而與之，不為改視。重死持義而不橈，是士君子之勇也。」（《荀子‧榮辱》）甚至，為了義可以「舍生」：「魚，我所欲也，熊掌亦我所欲也，二者不可得兼，捨魚而取熊掌者也。生亦我所欲也，義亦我所欲也，二者不可得兼，舍生而取義者也。」（《孟子‧告子上》）利最大、最根本的莫過於生命，如果面臨生命與道義兩者的價值衝突時，寧死也要保持義，可見儒家把義的價值提到了一個無以復加的地位。正是因為「義以為上」是儒者行為的價值標準，他們心有定見，行而有方，不假外求，惟義是從，從而體現出一個安身立命者的行為特徵。

第三，「良心人格」的主體力量。「為仁由己，而由人乎哉？吾欲仁斯仁至矣。」清醒而堅強的自我是安身立命的基礎：自尊自愛，修己以敬，「人不知而不慍，不亦君子乎？」（《論語‧學而》）「君子病無能焉，不病人之不己知也。」（《論語‧衛靈公》）「窮不失義，達不離道，窮不失義，故士得己也；達不離道，故民不失望也。」（《孟子‧盡心上》）。既然是人自己在安身立命，那麼，一個道德的自我、一個堅強的人格、一個良好的心態是任何外在的功名利祿、權勢外力都不能改變的。「君子憂道不憂貧」，超然物外、不動心、

自認行事正確的內心信念，可以抗拒一切外在誘惑和壓力；只要問心無愧，一個人就可以迎戰千軍萬馬。「爾那一點良知，是爾自家底的準則。爾意念著處，他是便知是，非便知非，更瞞他一些不得。爾只不要欺他，實實落落依著他做去，善便存，惡便去，他這裡何等穩當快樂。」(《傳習錄下》) 王陽明這段話清楚的論述了良心和人格對一個人安身立命所起到的重要作用：人只要具備良心這個主體力量，自會實現「穩當快樂」的安身立命之境界。一個自覺自律的道德自我，使行為與判斷既不受利己之心的支配，也不受他律的支配；它進行思考及反省，並具有一種內在歸隱的性質。荀子宣稱人類的心是一個絕對自主的器官：「心不可劫而使易意，是之則受，非之則辭。」(《荀子‧解蔽》)「天下不知之，則傀然獨立天地之間而不畏。」(《荀子‧性惡》) 他並不害怕死亡以及體制的懲罰或社會的輕視，而只會因為違反個人理想和自尊而感內心羞愧。這種「良心人格」的道德主體性，是儒者安身立命最重要的依據。

第四，「求學愛樂」的生活方式。孔子說「朝聞道，夕死可矣！」《論語》第一句話就說「學而時習之，不亦樂乎？」可見，樂道好學是儒者的追求，也是他們的生活方式。儒者積極追求入世，是想實現他們的大道於天下，為此，孔孟不惜周遊列國，見用得志則澤加於民。如果不能出仕，儒者的生活就是「憂道不憂貧」，安貧樂道，求學傳道。因此，對人生大道和真諦的不懈追求，會使儒者獲得「仁者安仁，智者利仁」的滿足。

另外，音樂在儒者的日常生活中起到調節情緒、抒發情志的作用。在面對外部世界的矛盾時，音樂引發內在的精神和諧，它讓自我在一個失去和諧的世界中得以強化，促進儒者的自強，因而也成為儒者的安身立命之道。據《列子‧仲尼》記載：「仲尼閒居，子貢入侍，而有憂色。子貢不敢問，出告顏回。顏回援琴而歌。孔子聞之，果召回入，問曰：『若奚獨樂？』回曰：『夫子奚獨憂？』孔子曰：『先言爾志。』曰：『吾昔聞之夫子曰：樂天知命故不憂，回所以樂也』。」這段記載很生動，說明即使是聖人也有憂愁不高興的時候，但重要的是要會心理調節，而音樂就是調節手段之一。顏回真不愧為孔子所喜歡的第一高足，他首先用彈琴引起老師的注意，以快樂分解憂愁；當老師叫他進去問話時，他回答說，您說過樂天知命就能不憂。這是說，一個仁者能以天下為己任，能夠瞭解天道命運，自然就不會有憂愁，這正是「仁者不憂」的境界。又據《莊子‧讓王》記載，當孔子師徒被困於陳、蔡兩國

邊境，幾乎處於死亡邊緣的時候，孔子借著絃歌鼓琴，仍然懷仁抱義，毫不動搖。

第五，「唯吾德馨」的精神回報。儒者最根本的特點就是遵奉儒家尚道崇德的精神以安身立命，這種不懈追求的不斷積累終會獲得「富潤屋、德潤身，心廣體胖」(《大學》)的結果，使儒者因德高才廣而獲得一種「修身見於世」的「名立」狀態。對於名滿天下之追求，以及社會對儒者高風亮節的認可和讚揚，對儒者的自我超越和安身立命起到了一種積極的鼓勵作用。尤其是看重身後之名、達到「三不朽」的境界，更成為傳統士人安身立命的重要精神動力。孟子的「天爵人爵」之說，荀子的「義榮勢榮」之辨，都給儒者這種對道德的內在價值和尊嚴的重視發揮了強有力的精神支持作用。道德榮譽感不僅來自社會和他人的承認，更重要的是來自於一種自我肯定和自尊。因為在儒者看來，持道守善本身就是對自己的最大回報。正如孟子所說：「反身而誠，樂莫大焉。」(《孟子·盡心上》)

儒者的安身立命之道是一個具有鮮明主體性的問題，也只能在儒者的道德自我中產生其安身立命之道。劉禹錫的《陋室銘》之所以千古流傳，就在於其準確而深刻地表達了歷代儒者這種獨善其身、唯吾德馨的安身立命之道及其所產生的內在自豪和滿足感：「山不在高，有仙則名；水不在深，有龍則靈。斯是陋室，唯吾德馨」。

(原載《哲學研究》2010 年第 2 期)

修身倫理與治平倫理的合與分——
對中國傳統道德的新的視角分析

　　現代社會生活的多元化使公共生活與個體生活越來越呈現出區隔的趨勢，與之相關，倫理學理論的政治倫理、公共倫理與個體倫理、美德倫理研究的分殊似乎也越來越明顯，有人認爲，中國傳統倫理，只是一種德性倫理，而缺乏制度倫理精神。確實，儒家倫理學不像亞里士多德倫理學那樣，在其倫理學中研究「應該成爲一個什麼樣的人」，而在其政治學中則研究如何建立一個好社會或城邦正義，也沒有像羅爾斯那樣旨在建立一種社會和制度的德性——正義，或者像麥金泰爾那樣認爲倫理學必須回到所謂亞里士多德傳統，以美德作爲道德的基礎。

　　現代學人以這種西方倫理學研究範式來研究美德倫理學、規範倫理學、公共或政治倫理學、制度倫理學時，也企圖以此思維範式來審視中國傳統倫理學或道德理論是如何看待這些問題的。這給我們提出了一個很好的問題，啓發我們不能不思考：在中國傳統倫理中，個體美德與政治倫理亦即修身與治平究竟是一種什麼樣的關係？中國傳統倫理學說究竟是屬於美德倫理學、規範倫理學，還是屬於個體倫理學、公共政治倫理學？通過釐清這些問題，並揭示出中國傳統倫理學說的某些特點，對我們今天的道德思維和道德建設也許是有益的。

　　在我們看來，中國傳統倫理的基本結構就是《大學》八條目中所講的「修齊治平」。修身或做人是中國倫理的起點和根本，治國平天下是中國倫理的最終目標。而齊家則是中介和核心。「自天子以至於庶人，一是皆以修身爲本」。

只有內聖才能外王，要實現齊家、治國、平天下的目的，必須以修身爲本。因此，中國傳統倫理的基礎和根本是一種修身倫理、做人倫理或稱美德倫理。

中國思想，主要講做人。「儒、墨、道三家，講他們的共同點，他們主要都在講如何做人之道……西方哲學家似乎亦都不在此方面注意。哲學尋求眞理；宗教講如何死後靈魂升入天堂，學校中只教人如何做一公民、謀一職業、做一專門學者等。在西方，殊不講一個共通的做人道理。中國人則最注重講這一層」。「所謂『道』，主要即是做人之道。所謂『理』，亦即是做人之理。人人能做人，始是『大道之行』，而其極則爲『天下平』。」至於家與國，僅是個人與天下間一過渡。天下乃由個人組成，不論其種族、國別、宗教信仰、貧富差等、地位高低，講做人，則其道總歸於人。智、愚屬於天賦，有不可強。但亦無妨於同一做人之道。愚孝、愚忠，人雖愚，也算盡了他的忠孝，即做人之道。縱說是不可法，也算自盡了他忠孝之心。所以講做人道理，實爲中國文化之精髓」〔註1〕。「中國人講道德，乃自個人開始，再遍及於全社會、全天下。無論后稷、文王、周公、孔子、老子、墨子皆然」〔註2〕由此可見，中國倫理的起點和根本是一種旨在修身，講做人道理的美德倫理學，但修身並不是無目的的，是以治平爲目標的。因此，儒家倫理也有對社會秩序和天下公義的關懷，因此，也有其政治倫理學。甚至，中國倫理學一開始就難以嚴格區分這二者。因此，講求修身的美德倫理學與追求治平的規範倫理學、政治倫理學是難以嚴格區分的，治平以修身爲本，倫理是政治的基礎，政治是倫理的保障，是倫理政治，政治倫理的統一。

下面，僅以中國倫理的核心範疇和德目規範「德」、「孝」、「禮」、「仁」、「義」的產生與演變來作些分析。

先來看「德」。德字在商代卜辭中已出現，其基本意思是：在明察的基礎上，果敢地行動，去有所獲得。沒有底「心」，與「直」字通，並沒有完全具備「外得於人，內得於己」的道德含義。在周代銘文中，則加了一個「心」字。德是直心意，意思是把心思放端正，也就是《大學》中所說的「欲修其身先正其心」。從《詩經》、《尙書》、《逸周書》等文獻看，「德」字的用法，

〔註1〕錢穆·中國思想史六講·中國學術思想十八講〔M〕·北京：九州出版社，2010·第88～89頁。

〔註2〕錢穆·中國思想史六講·中國學術思想十八講〔M〕·北京：九州出版社，2010·第114頁。

其意主要是指高尚的品格及行爲，以及品格高尚的人。這時候「規範」的意義並不明顯。

從商代卜辭到先秦文獻，「德」都與「得」相通，「德者，得也」，二字可以互訓。因此，「德」有獲得、佔有之意。能獲得本身說明你又有德。德與得本是一個事物的兩個方面：「德」顯示其品質、素質，「得」表示其有德之後而能有所獲得的客觀效果。在西周，德，就其社會內容來說是指佔有奴隸和財富，即「受民受疆土」。如何才能受民受疆土？要靠人爲的努力和修德。因此，「德」就獲得了重視人的精神，在知天命的基礎上「盡人事」的意思。「德」的產生，與周初對「天命」的懷疑有直接關係。「天命靡常」，「皇天無親，唯德是輔」。周以小邦取代大邦，靠的是人心所嚮和道德。德是周人獲得政治統治權的合法性基礎，這本身就使德一開始就獲得了其政治的含義。要「修德配命」，即是說，只有修德，才能取得並保持政權。周人「敬德」，乃是對人類自身力量的自覺，是對道德修養必要性的認識。只有有德才能得到人民的擁戴。爲了保民，統治者必須敬德。比如不要貪圖安逸享受，「知稼穡之艱難」，恭敬謹慎，以身作則等等。作爲一種政治道德的德，既有做事要做得適宜的含義，也指統治者所應具有的一種寬容心和不忍人之心。要惠民、教民、愼罰；加強統治者的道德修養，要勤勞、爲民奔波、節儉敬職。從德的這些內容來看，德在當時主要是指君子即上位者或統治者的一種個人品質和政治道德。從德的產生看，德一開始就體現了個體美德與政治道德的統一，修身和治平的統一，體現出中國倫理精神「內聖外王」的基調。

中國倫理史上，起源最早的德目或範疇最早的除了「德」，另外就是「孝」和「禮」。

孝，本來應該是善事父母的子女的道德義務，但有的學者認爲，在周代，孝非尊親，不是一種子德，而是一種族德，是「尊祖敬宗」的意思，在我看來，善事父母和親祖，這種含義也存在，因爲大量文獻都反映了子女感念父母恩情的孝意，但孝的尊祖敬宗，在當時確是一種主要觀念。孝不僅是子女對父母的義務，而且是「小宗」對「大宗」的義務，諸侯對天子的義務；家庭中的父子關係又延伸爲政治上的君臣關係。因爲在封邦建國的政治體制下，實際上基於血緣關係的親祖關係實際上也是「家天下」的政治關係。血緣上的「追孝」、尊祖則成爲維繫統治階級內部團結的紐帶。孝不僅是基於人類代際互養，維護共同生存的親子倫理、子女美德，而且也是諸侯對周王的

忠。這也就是後世為什麼有移孝作忠之說，因為在家國同構的社會結構中，孝與忠有著內在精神上的一致性，於是由家族到國家，達到了美德倫理、家族倫理與政治倫理的統一。

礼源於原始宗教的祭祀活動，由祭天地而祭山川鬼神乃至祭祀祖先，成為「礼」的重要內容。後來，最廣義的礼，泛指典章制度、一切社會規範，以及相應的儀式節文，這包括法令、制度、風俗、道德、礼儀等等。荀子說：「礼者，法之大分，類之綱紀也」。〔註3〕在中國文化中，礼具有宗教、文化、政治、道德等多重意義。於宗教，它是一種祭祀的儀式和礼節，在文化，它是一種觀念和習俗，在政治，它是一種典章制度和法度，在道德，它是道德規範和礼儀，在個人，它則體現為礼節和礼貌。

「礼」可以說產生得很早，夏、商、周三代的礼有批判繼承關係即孔子所說的損益關係，「殷因於夏礼，所損益可知也；周因於殷礼，所損益可知也」〔註4〕。可是，「夏礼」無可考。「殷礼」來源於祭祀，並從屬於對「天」、「鬼」的宗教迷信，因此本身還沒有成為人們自覺約束自己行為的道德規範。而周礼由於「近人」而具有道德規範的含義。「礼」在周代由過去的祭祀神器轉化而成一套等級制度。也就是說，礼在殷商主要重視其宗教意義，而在周代則在此基礎上重視其人文的、社會的、道德的意義。

礼作為宗法制度、社會制度，在西周時已經頗具規模了，因此，礼作為一種範疇，也在西周就產生了。至春秋戰國時期，隨著周天子地位的衰落，維繫這一制度的核心被動搖，出現了孔子所謂的「礼崩樂壞」的局面，孔子就是在這種形勢下，以挽救時勢的責任感，重新呼籲恢復周礼，並強調礼的內在精神，使礼不僅是一種社會制度，而且成為人們主動服膺的道德規範。管子和荀子也特別強調礼這一制度和規範在社會生活中的重要性。後來，以儒學內在倫理精神為本質的礼樂制度在維繫兩千年的社會、政治穩定中起到關鍵的作用。

周礼為周室命脈所繫，亦是周文化的主要象徵，據《左傳》等文獻記載，魯國是周公兒子伯禽的封國，其施政的重點就是繼承光大周礼，因此有周礼盡在魯之說。孔子是魯國人，瞭解魯文化的特徵，這樣也可以明白礼為何在孔子思想中具有重要地位。孔子為了給礼尋求內在而具體的理性根基，把原

〔註3〕荀子〔M〕·北京：中華書局，2011，第7頁。
〔註4〕楊伯峻·論語譯注〔M〕·北京：中華書局，2006，第22頁。

先只代表一種美德的仁，經由創變而成爲道德的最高原理，孔子不僅認同周
禮，而且爲禮奠定了仁的內在基礎，創造了一種仁禮統一的倫理學體系。孔
子雖然重視禮，但禮並不是他的獨創，而仁則在某種意義上可以說，是孔子
的獨創。

　　雖然一般認爲，禮在中國傳統社會中主要是一種外在的制度和規範，但
從上述對禮的含義的探討我們知道，禮也包含人們的高尚的、合理的生活方
式以及文明禮貌、教養和文明，而這後一種含義顯然也具有美德倫理學的意
義。

　　仁作爲一種新的道德觀念和道德規範，發軔於春秋時期。在《左傳》等
文獻中仁字已經比較多見。仁在當時的含義包含把人當人看，對人愛，對人
敬，約之以禮，躬行正直之德。這種富有時代精神的觀念，爲孔子所繼承，
從而創立了一個以仁爲核心的倫理思想體系。

　　在《論語》中談到仁的有 58 章，仁字出現 109 次。仁學的創立，是人文
意識完全覺醒，倫理文化由自發走向自覺的標誌。如果說禮是整個倫理實體
的設計，那麼仁則是人們的人格意識與人倫意識的自覺。它把外在的禮內化
爲內在的德性。雖然孔子獨創了仁，使禮具有了內在的思想情感的主體基礎，
但他談仁必及禮。認爲「克己復禮爲仁」，一方面，禮要以仁爲基礎，仁是內
容，禮是形式，仁內禮外。「人而不仁，如禮何？人而不仁，如樂何？」〔註5〕
「禮云禮云，玉帛云乎哉？樂云樂云，鐘鼓云乎哉？」〔註6〕另一方面，仁也
要以禮爲約制，它是仁和道德的文飾。愛人不是無原則地泛愛，而是要以禮
爲根據和標準，要按禮的規定去愛人。愛有先後，愛有厚薄，「顏淵問仁。子
曰『克己復禮爲仁。一日克己復禮，天下歸仁焉。爲仁由己，而由人乎哉？』
顏淵曰：『請問其目』。子曰：『非禮勿視，非禮勿聽，非禮勿言，非禮勿動」』。
〔註7〕禮是仁愛精神規範化的外部表現。只有人人循禮守份，才能使人們的仁
德長久保持。仁以禮民爲表現形式，禮與仁的統一與結合，使儒家之仁成爲
一種等差之愛而區別於墨家的泛愛和基督教的博愛。禮的形式即是規定，各
種規定的不同即是差等，仁的愛人正是靠禮的差等才得以現實化，不至於成
爲空談。對一個人來說，只有一切行動都符合禮，他的思想和境界才能達到

〔註 5〕楊伯峻 · 論語譯注〔M〕· 北京：中華書局，2006，第 25 頁。
〔註 6〕楊伯峻 · 論語譯注〔M〕· 北京：中華書局，2006，第 209 頁。
〔註 7〕楊伯峻 · 論語譯注〔M〕· 北京：中華書局，2006，第 209 頁。

仁。所謂「不學禮，無以立」〔註8〕就是說的這個意思。可見，孔子仁禮統一的倫理體系是一種美德倫理學與規範倫理學的統一。

孔子繼承禮而強調仁，達到了仁禮的統一，一個合理、全面完善的倫理學體系，應該就是這種仁與禮或仁與義的內與外、情感與理性，個體美德與社會規範的統一。

但在儒家思想發展史上，孟子雖然言仁義，但他卻在與告子的關於「仁義內外」的辯論中，堅持仁義皆產生於人心之內，不同意告子的仁內義外（告子的主張很接近墨子）的觀點，並片面地化義為仁，堅持了內求諸己的心性論路線，使中國後世儒家倫理學的發展以此為正統，具有注重內在人格精神而輕視外在道德理性的片面性。好在儒家還有一個荀子，他又恢復並繼承發展了「禮」的客觀的社會倫理精神。他把禮看作是道德生活與政治生活的最高準則，對禮即道德的社會作用極其重視，認為禮是個人修身和治國的根本，是「人道之極」、「國之命」。荀子說：「人無禮則不生，事無禮則不成，國家無禮則不寧」。〔註9〕又說：「禮者，治辨之極也，強國之本也，威行之道也。功名之總也。王公由之，所以得天下也；不由，所以隕社稷也」。〔註10〕禮為諸德之綱。禮是怎樣產生的呢？西周時代的人認為禮是上天安排的「天秩」，孟子認為禮出於人的恭敬辭讓之心。荀子則認為禮出於人類社會生活的需要。可見，孟子即使論禮，也仍然是把禮歸之於人心，而荀子則認為禮出於人類社會生活的客觀需要，並把隆禮貴法作為治理社會的重要措施，從而使其倫理學成為一種禮法政治倫理學，但其達致的手段仍然是要教而化之。

從以上討論中可以看出，修身做人的美德倫理學與政治社會倫理學在中國傳統道德思考中是統一的，雖然不同的思想家有其致思的重點，但就中國倫理學的總體來看，這二者之合大於分。不僅如此，中國傳統倫理學雖然是以修身的美德倫理學為起點和重點，然而，它不僅與治平倫理密不可分，而且，與人際間的規範倫理、交往倫理也是密不可分的，因此，可以說沒有一個獨立的美德倫理學形態。錢穆先生說：「既成為道德，必然有教訓。中國人教『忠』、教『孝』，西方似乎很不以教訓人。古希臘蘇格拉底所講之『正義』，亦與中國人之道德觀有不同。正義可以獨行其是，忠孝則必有對象。中國人

〔註8〕楊伯峻·論語譯注〔M〕·北京：中華書局，2006，第201頁。
〔註9〕荀子〔M〕·北京：中華書局，2011，第15頁。
〔註10〕荀子〔M〕·北京：中華書局，2011，第242頁。

講道德，乃在人與人之間，此即中國所謂之『人倫』。所以道德不是自守完成的，而且必是『及人』的」。﹝註11﹞這說明，中國傳統倫理是美德倫理學與規範倫理學的統一，如忠與孝，不僅是修身做人的美德，而且也是人與人交往的道德規範即君禮臣忠、父慈子孝。另外，如果把治平天下的政治倫理看作是一種基於教化社會的「教化倫理」的話，那麼，傳統中國人在日常生活中的修身倫理、家庭倫理、個人社會交往（如朋友、師生等人倫交往）倫理，我們都把它名之為「生活倫理」。生活倫理與教化倫理也是處於一種既相互聯繫，又相互區隔的合與分的關係中。

雖然中國傳統倫理學的上述幾個方面，其合即聯繫占主導地位，但由於人類社會道德生活本身就存在著個體修身與人際交往特別是公共政治的區別，因此，在中國倫理學中，這兩方面也有一定程度的分殊和區隔。因為，在傳統社會生活中，並不是所有人都有機會參與社會政治的，既使傳統中國社會存在著所謂的士人社會或士人政治，但也不是全體士人都有機會參與政治，大部分普通民眾就更是無機會參與政治了。因此，對於很多人來說，他們並不太關心治平天下的政治倫理，而只能關心並實踐修身倫理、家庭倫理、生活倫理。從中國思想史的發展來看，先秦的思想家更加關心「治平」倫理，注重把倫理思想應用到實際的社會治理事業上，而宋以後至少是放鬆了治國、平天下的大目標，似乎只注重孟子「人皆可以成堯舜」的聖人之學，亦即更加重視如何做聖人的修身或心性之學。

那麼，我們要問，為什麼會形成這種修身做人與治平天下的合一特點呢？這主要是因為我們是一個亞細亞生產方式和血緣宗法等級制度的家國同構的社會。

馬克思主義經典作家所說的亞細亞生產方式是指東方國家與西方國家進入文明社會的兩種不同路徑和特點。以古代希臘為代表的「古典的古代」是從氏族到私產再到國家；個體私有制衝破了氏族組織，國家代替了氏族。「亞細亞的古代」則是由氏族直接到國家，國家的組織形式與血緣氏族制相結合，構成了中國社會的家國同構的社會結構模式。前者是以國代替家，後者則是使「國」涵蓋於「家」中。這種家國同構的社會，私人領域與公共領域的區分是不明顯的。公與私在傳統中國只是一種相對性的思想和價值觀概念，而

﹝註11﹞ 錢穆，中國思想史六講，中國學術思想十八講﹝M﹞，北京：九州出版社，2010，
　　　 第 99 頁。

不是客觀的場域或權界清晰的利益概念。傳統道德與社會價值觀實際上不是社會本位、個人本位，而是倫理本位、關係本位、家本位，沒有對真正的私人領域和私人權利的尊重和保護。公天下的觀念雖然是一種道德批判的武器，但由於其缺乏制度化的保障，這種價值理想和公意精神也是難以實現的。正是由於公共領域與私人領域的分殊並不明顯，因此，還沒有產生將個體美德與政治倫理分別研究的必要性，這也許與中國思維重綜合而輕分析的特點也有一定的關係。

那麼，這種修身倫理與治平倫理相統一的特點其得失何在呢？

如上所述，由中國傳統社會的家國同構的基本結構所決定，中國傳統社會是一個私人領域和公共政治領域有密切聯繫的社會，因此，私人生活的修身做人倫理與公共生活的政治倫理有高度之契合不僅有其必然性，而且滿足了這種社會生活需要，是一種有歷史合理性並發揮很好社會作用的倫理模式。如儒家倫理中所言之忠孝道德，不僅是人們日常生活中的倫理，而且也是政治道德對人們的基本道德義務要求。儘管不可能每個人都能為君主去盡忠，但可以為國家、社會去盡忠，如納稅、當兵打仗。另外，雖然從更為慎密的分殊的意義上看，似乎孝是家庭日常生活倫理，忠從狹義上是國家政治倫理，但二者在內在精神上則有一致性，即臣、子對君、父的敬、順和竭力奉獻。所以在家孝親，就能在朝忠君，忠臣必求於孝子之門，移孝做忠。當然有時也可能出現忠孝不能兩全的尖銳的基本倫理義務衝突，這兩種情況正好說明私人家庭倫理與國家政治倫理的合與分的兩種情況。

從客觀社會教化和社會治理的效果來看，儒家道德在傳統中國之所以獲得了巨大成功，不僅在於它處於文化的核心地位，受到統治階級的重視，這些都是比較表面的現象，而且重要的是因為它很好地實現了私人生活倫理與公共政治倫理的高度契合。在家孝父、聽話，這種教育是時刻貫徹在民眾的日常生活中的，視君如父，內在精神一致，這樣的教育不僅能使人「好犯上作亂者鮮矣」，而且還可以使人「精忠報國」，只反貪官，不反皇帝，因為皇帝是所有天下人的父親。這樣的倫理教化通過日常的家庭、家庭生活，通過家長、族長、長老、師長、朋友的規勸、日常生活的實踐就已經確立。不能參與社會政治生活，就是一個孝子賢孫和順民良民；如果能參與政治生活，就是一個忠臣。通過這種教化，實現了社會穩定與和諧。

當然，當代社會，公共領域與私人生活領域的區隔越來越明顯，家國同

構的臣民社會已經被多元開放的公民社會所代替，民眾日常生活領域和公共政治生活領域的分殊也日益明顯。因此，中國傳統倫理重合輕分的思維模式不能滿足我們進行現代倫理思考的需要。我們應該進一步在分殊的意義上，既要強化民眾的修身倫理、生活倫理的研究，又要在新的現代民主社會和民主政治的社會條件下，研究公共生活倫理、當代政治倫理哲學，以適應當代社會生活的需要。在此過程中，中國傳統倫理的致思方式的經驗與教訓都值得我們借鑒。

從理論思維形態的角度看，所謂美德倫理學與規範倫理學是現代西方產生的學術話語和理論模型，以此來分析中國傳統倫理，由於其文化背景和歷史均不同，因此，只能作爲一種借鑒而不能照搬，如果勉強以此觀照中國傳統倫理的話，我們只能說，在中國傳統道德思維中，美德倫理與規範倫理相統一、修身倫理與治平倫理或者說個體美德與政治倫理的統一是主流，成爲聖賢和君子與形成一個好社會都是中國傳統倫理學的關懷，二者的分殊只具有相對意義。如果從儒家的只有內聖才能外王的思維邏輯以及以人格的完整性爲道德選擇的基礎的角度看，儒家倫理是一種美德倫理，但在中國，卻沒有非常明顯的規範倫理。如荀子強調禮，但早在三代時期就強調禮，管子強調「禮義廉恥」的國之「四維」的政治倫理，但這只是強調規範的不同內容，而不像西方所謂「道義論」、「功利論」、「契約論」那樣是一種規範論的理論形態。因此，更準確一點說，中國傳統倫理或中國傳統倫理學是一種以修身訴求爲目標、美德倫理學爲基礎的美德倫理與規範倫理、修身倫理與治平倫理相統一的理論模式。

（原載《齊魯學刊》2011 年第 5 期）

儒家「仁義內外之辨」的現代倫理意義

　　《易傳》有言「立人之道曰仁與義」，這顯然把仁與義看作是儒家道德的核心，荀子說：「仁者愛人，義者循理。」（《荀子·議命》），韓愈在其《原道》中認為：「博愛之謂仁，行而宜之之謂義，由是而之焉之謂道，足乎已無待於外之謂德。仁與義為定名，道與德為虛位。」「凡吾所謂道、德云者，合仁與義言之也，天下之公言也。」所謂「定名」就是概念的特定內容，所謂「虛位」就是概念的抽象形式，這樣說來，「仁義」就是「道德」這個概念的實質內容，儒家所言之道德實質上就是指仁義。在中國人的口頭言語中也有一個常常連用的辭叫「仁義道德」，這也表明仁義在儒家道德中的核心地位，以至於它們成為同位概念和可以互相替代的辭。

　　那麼，仁與義又是什麼關係呢？是兩種不同質的倫理精神和根源呢？還是同質的呢？在《孟子》中記載了戰國時期孟子和告子關於仁義內外的辯論，在孟子看來，顯然仁義是同質的，都是人的一種道德情感、主體道德精神和道德品質，因此二者皆是從人性之內產生的，而在告子看來，仁與義則是兩種內外不同的異質的倫理精神，因此，它們的根源與基礎是內外不同的。在思想史上，似乎大家都以孟子觀點為正統觀點。自上世紀九十年代發掘出郭店楚簡這種被認為是在孔孟之間的早期儒家文獻之後，人們才發現，主張仁內義外的觀點，不僅有告子、管子、墨家，而且在儒家內部還有人主張仁內義外的觀點。這使人們對這一問題又產生了新的學術興趣，有很多學者對這一問題又進行了較多的研究，那麼，歷史上這場仁義內外的爭論究竟是如何的？自楚簡發現後學者們的研究又取得了哪些成果？這個內外之辨究竟其「內外」的含義和所指是什麼？通過這種內外之辨並在此基礎上反思這種辯

論對於我們的現代道德思維和道德建設有什麼啓發和意義？本文願就這些問題做進一步的討論。

一

首先讓我們來看《孟子》一書對這場辯論的記載和轉述：在《孟子‧告子上》第四章中集中記載了這個辯論：「告子曰：『食色，性也。仁，內也，非外也；義，外也，非內也。』」開始的這句話可以說鮮明的陳述了告子仁內義外的觀點。接著孟子問其爲什麼？告子的回答和論證有兩點：「彼長而我長之，非有長於我也。猶彼而我白之，從其白於外也，故謂之外也。」「吾弟則愛之，秦人之弟則不愛也，是以我爲悅者也，故謂之內。長楚人之長，亦長吾之長，以長爲悅者也，故謂之外也。」告子第一點是說，義的倫理實質是敬長，而這種敬長的倫理要求是由彼長於我這個客觀的事實決定的，就像白之所以爲白也是由事物具有白這種客觀屬性決定的。這一論證肯定了義不同於仁的客觀性。第二個論證則以家國內外之別進一步論證了仁內義外的觀點，仁的實質在於親親之愛的情感，因此，我愛我弟，而不愛秦人之弟，這是很自然的仁的情感，因此是內在的，而敬長作爲義的實質，不僅尊敬秦人之長，也尊敬我之長，這恰恰皆是基於幼必尊「長」的人類客觀倫理要求。孟子的反駁是，對第一點，他詰難說，白馬的白和白人的白沒什麼不同，那麼，憐惜老馬和尊敬老人難道也沒有什麼不同嗎？他對第二點的辯駁說，喜歡吃秦國人的烤肉，和喜歡吃自己的烤肉沒什麼不同，事物也有這種情況，那麼，喜歡吃烤肉的心也是外在的嗎？有的學者認爲：由於《孟子》對這場辯論的「記錄文本是由孟子弟子整理的，所以每場論爭都讓孟子出盡風頭，而告子的議論，總給人以未暢欲言的感覺，以至於影響到對其思想的瞭解，引發出一些錯誤的判斷。」〔註1〕而在我看來，從《孟子》的這章記載來看，倒是告子的觀點十分明晰，而孟子的反駁可以說是偷換概念和軟弱無力，告子在說人類倫理關係之長幼尊卑，孟子怎麼一下子就說老馬之長與老人之長，這不是胡攪蠻纏嗎？在第二辯中人家在說敬長之客觀性和普遍性，孟子怎麼又一下子去說吃肉之口腹之欲的內與外了？這除了體現孟子的強辭奪理的好辯本性外，並沒有說出什麼充足的反駁理由。當然，在長期的歷史發展中沒有人敢說亞聖是胡攪蠻纏了。雖然在這段辯論的記載中，在我看來，孟

〔註 1〕龐樸：「試析仁義內外之辨」，《文史哲》2006 年第 5 期。

子的駁論實際上是無力的，但《孟子》全書中所體現出的孟子堅持仁義皆是由人內心產生，是人固有的道德情感，這種觀點則是鮮明的。孟子認爲告子「未嘗知義」（《孟子‧公孫丑上》）而他的弟子孟季子、公都子皆知「義，內也」（《孟子‧告子上》）他還說：「羞惡之心，義之端也。」（《孟子‧公孫丑上》）「君子所性，仁義禮智根於心。」（《孟子‧盡心上》）也就是說孟子所說的「義」是將外在之宜化爲一種內心的道德情感，成爲內心之宜。

那麼，楚簡文獻發現後，學術界取得了哪些學術共識？又有哪些不同認識呢？我想取得的共識就是，楚簡的確主張仁內義外的觀點，但對於這個內外的含義理解不同。內外是指仁和義是分別形成於人心內外呢？還是應用於家族的門內門外？還是這兩層意思都有？那麼告子的內外又是哪層意思或者說別有它意？

龐樸先生認爲：後人對孟告之辨的誤解也是在於從仁義的發生學意義上看這個問題的，其實，這是一種誤判，告子所持的仁內義外說，不是說仁出於內心，義起於外物，不屬於道德發生論的範疇，而只是敘說了仁義的施行範圍之別。〔註2〕

李景林先生則認爲「郭簡《六德》篇的『仁內義外說』，說的是家族內外治理方法上的區別；告子所持『仁內義外說』，則是由人的情感生活與道德普遍性之割裂，而引生一人性『白板論』。二者在理論內容上根本無關。〔註3〕在對待郭店仁內義外的理解上他也是持和龐樸先生大致相同的看法，即這個內外是指仁義的適用範圍和治道的範圍不同。

還有學者如北京大學的王博則認爲郭店楚簡中的仁內義外兩種含義兼有，「《六德》是集中在仁義和門內門外的關係上，有其特殊的背景和意義。〔註4〕王博進而認爲，告子所說的內外是指「我」之內外，而不是「性」之內外，「仁內」是指「仁」的依據是我之內的因素。相應的，「外」也就是「我之外」，「義外」是指「義」的基礎是我之外的因素。告子「仁內義外」的主張，顯然是由於看到了仁和義的區別，「愛」和「敬」的不同，所以力圖對其發生的基礎進行說明。按照《莊子‧天下篇》「以仁爲恩，以義爲理」的說法，

〔註2〕龐樸：「試析仁義內外之辨」，《文史哲》2006年第5期。
〔註3〕李景林：「倫理原則與心性本體──儒家『仁內義外』與『仁義內在』的內在一致性」，《中國哲學史》2006年第4期。
〔註4〕王博：「論仁內義外」，《中國哲學史》2004年第2期。

仁實際上是偏重在情的方面，義則側重在理的方面。這與《禮記·喪服四制》「恩者，仁也；理者，義也」的說法是一致的。早期儒家的看法，情的基礎當然是人，而理的基礎則是道，這就是《語叢一》中所說的「仁生於人，義生於道」。而「道」顯然是在人性之外，從這個意義上說，告子「義外」的說法是由來有自的。告子的「仁內義外」之說所包含的一個重要內容，是把善理解為性之外的東西。這無疑和孟子的性善論正相反對，也是孟子不遺餘力批評告子的主要原因。也就是說孟告之辨的實質是認為道德的價值淵泉是人性之內還是在外在之「道」。圍繞著「仁內義外」進行的討論，實際上體現了古人對道德價值根據的探討和努力。

關於仁義內外之辨的內外之含義恐怕是「人性之內外」、「門」內門外、「我」之內外的三種含義都有，從三個方面來理解都有其意義，另外，儒家除了有思孟學派的仁義皆內的觀點，還有仁內義外的觀點，這兩種觀點是對道德的根源和基礎的不同探索，我們應該重新反思其地位和作用。

二

那麼，郭店楚簡中的「仁內義外」思想之內外究竟何指？我不想更多的引證和討論文獻，僅引三條來討論，

《六德》：「仁，內也。義，外也。禮樂，共也。內立父子夫也，外立君臣婦也。……門內之治恩掩義，門外之治義斬恩。」

《尊德性》：「仁為可親也；義為可尊也。」

《語叢一》：「仁生於人，義生於道，或生於內，或生於外。」

在我看來，人心內外和門內門外兩層意思都有，而且缺一不可，人心內外是就這兩種道德的人性根源和基礎來說的，門內門外是就這兩種道德的運用範圍來說的，正因為這兩種道德是根源與基礎不同的兩種異質的道德精神淵藪，因此才會有不同的使用範圍。

《尊德性》：「仁為可親也；義為可尊也。」這一條明確表明了仁與義的道德精神實質的不同。仁是一種親親之情基礎上的愛人之心，義則是對社會尊卑倫理秩序的尊敬和維護的義理和規範。楚簡《性自命出》中有一個非常值得注意的說法：「義，群善之蕝也。」這句話的意思是說，義是聚集善的標尺。通俗地說，合於義的就是善的，不合於義的就是不善的，因此，善與不善，就在於看其是否合乎義，而和仁無關。《呂氏春秋·有始覽·聽言》曰：

「善不善本於義，不於愛」，把「義」作爲道德的根本原理，而且表示這種原理和「愛」即仁是不同的。《禮記‧喪服四制》曰：「恩者，仁也；理者，義也；節者，禮也；權者，知也。仁義禮知，人道具矣。」很明顯，在古代一般思想者的心目中，「義」和「仁」的一個關鍵區別是，「仁」出於自然的感情，「義」爲具有客觀性的道理，兩者都是道德意識與行動的重要基礎。

《語叢一》：「仁生於人，義生於道，或生於內，或生於外。」這一條則明確指出了仁生於人心或人性之內；而義生於道外。正因爲仁是親親之愛這種感情及其推擴，因此，它必然是產生於人心之內，是一種內在的道德感情，而義，則代表著一種客觀的事物之宜，事物之理，這種「宜」和「理」就是規律，就是道，它是外在於人的主觀感情的，對人的主體、主觀感情也有一定的約束和裁斷功能。仁是人的情感，義是理性甚至是社會理性，是規律和天道，這兩種不同質的倫理精神只能產生於人心之內外。誠如荀子所說「仁者愛人，義者循理。」（《荀子‧議命》）

正是因爲它們的不同質，使他們在使用的範圍上也不同，由於家庭家族關係主要是建立在血緣親情關係基礎上的，因此，「門內之治恩掩義」，而門外之君臣政治關係還是其它社會關係，卻都遵循著尊卑等級或天下公義的客觀普遍之理，而不能也不允許以私害公，因此「門外之治義斬恩。」也就是說，仁愛之倫理感情主要適用於家庭家族之內，當然這並不意味著仁就沒有向社會推擴的可能性，義則是家族外社會關係所必須遵循的客觀義理和規範，在政治與社會關係主要要以義來處理彼此的關係，而不能以主觀性的仁的私情而害公義。由於家族關係的基礎是血緣關係，其聯繫紐帶主要是家庭成員之間的感情，因此，家庭成員的倫理關係自然是情高於理，仁重於義的。而在家庭之外的社會關係中，人們由於沒有血緣親情的紐帶，因此處理這種社會關係必須建立在客觀的道理、公義的基礎上，而不能因私化公，因情廢理，仁而不義。

從人我之內外來看，我爲內，人爲外，仁雖生於我心，其道德方向卻是指向愛人安人的，而義雖產生於客觀的人倫秩序中，但其道德作用的方向卻是用以正我的即要求主體的人要自覺恪守一定人倫秩序的責任和義務，從而達到「正我」的作用。這正如董仲舒所說：「仁之法在愛人，不在愛我；義之法在正我不在正人。我不自正，雖能正人，弗予爲義。仁主人，義主我。故曰，仁者人也，義者我也。」（《春秋繁露‧仁義法》）董仲舒的這種觀點很好

的說明了仁與義發揮道德作用的趨向與功能。而仁義兩種道德發揮作用的這種特點即根源於人之內外，而作用於人之相反內外，這正好體現出道德發揮作用的主客體、人際之間的交互作用。

從總體上看，我認為儒家以楚簡文獻為代表的仁內義外的觀點，在道德根源與基礎問題上注重從內與外兩個方面探尋，這符合人類道德生活的實際，道德不僅是「德」而且是「道」，「道」表明它是不以人的主觀意志為轉移的客觀規律，是規範規矩，必具有客觀的、普遍的特性。而德必然是某種化客觀為主觀的自覺、心性、情感、品質和境界，這就是化道為德的過程，以德踐道的過程。仁內義外的觀點不僅指出了道德的這兩個價值根源和基礎，而且還分析了這兩種道德在中國傳統家族社會的「門內門外」使用範圍和重點之不同，從應用的角度，也符合中國傳統道德生活的實際並對其有很好的指導作用。後儒董仲舒還注意到了仁與義發生作用的方向和性質也是有其不同特點的，這都是很有啟發意義的。

思孟學派的仁義內在說，曾經長期以來被看作是儒家的正統思想，不可否認，這種理論對於凸現人的道德主體性和自覺性，功不可沒。從義的根源和本質的角度看，我們說義的本質主要是一種客觀倫理秩序和客觀倫理精神，但從義發揮社會作用的形式和特點的角度看，義作為人的道德又具有主體自覺性特點。思孟學派將義的根源和本質看作是主觀的，這是不科學的，但其從道德發揮作用的特點的角度主張由內聖開出外王，將外律轉化為自律，從這一點看，思孟學派著力彰顯義的內在性、主體性，這是有其合理性的。從道德實踐的角度看，義的價值是不能離開主體的實踐的，而人的實踐離開了人的自覺是不可能的，特別是道德實踐更是在意識自覺的前提下進行的。如果一定的道義只是一種客觀社會秩序的體現，而未被人們所廣泛認同和實踐，那它也就形同虛設了。因此，義不僅是一種客觀的社會秩序，天下公義，而且是人的內心道德法則和自覺實踐，因此，也是人的主體精神。

但並不能因此而將義的根源看作是源於人心人性，儒家倫理道德的起點不僅是內在的仁，而且還有外在的義，但長期以來，義的這種客觀性被思孟學派的心性論路線給消解了。儒家思想不僅有心性、人格、境界、內聖的關懷，而且有義禮、秩序、外王的關懷，最初儒家作為一個學派出現不就是想挽救當時「禮崩樂壞」的局面嗎？因此，我們今天又要看到思孟學派思想的局限性，而重新回到儒家最初的這兩種內外兼重的正確道路上來。

三

討論至此還是遠遠不夠的，那麼，我們從這種仁義內外之辨中還能得出哪些對現代道德思維和道德建設有益的啓示呢？

第一，仁義的人性內外之辨要求我們正確認識道德的人性主體基礎和社會關係的客觀根源、自律與他律的關係問題。從人性或人心中尋找道德的根源，最多再把它上昇爲天命，這是儒學道德發生論的基本特點，這集中體現爲孟子的人性善理論和「四端說」，認爲所有道德都是由人的善良本性和感情產生的，如孟子就說「仁義禮智根於心」(《盡心上》)，「惻隱之心，仁之端也；羞惡之心，義之端也；辭讓之心，禮之端也；是非之心，智之端也。」(《公孫丑上》) 這種理論長期在中國傳統社會佔據正統地位，正因爲仁義禮智這些道德都是從人心中內生的，因而仁義皆爲內在的，因此，人的道德實踐自然就是「由仁義行，非行仁義」，具有鮮明的自律性特點。不可否認孟子從主體性的角度認識到了道德作爲人的道德的主體性、自覺性特點，道德實踐也離不開人的自覺性和能動性，但把道德的根源和基礎全部歸結爲人的先天道德情感，這本身是一種先天的、抽象的人性論和道德發生論，並以此否認道德的外律性、社會客觀性，本身是一種不科學的理論。因此，重新審視歷史上的仁義內外之辨，有助於我們正確認識道德的根源和基礎，它究竟是人性內在的還是源自客觀的社會關係？在我們看來，道德的最終根源恰恰是外在的客觀的社會關係，如果沒有社會關係和需要調節的矛盾，道德是無從產生的。道德的主體性、自覺性只能是對這種社會客觀關係及其道德要求的自覺和實踐，而不能倒本爲末。道德也是他律和自律的統一，他律需要自律的自覺、內化和支持，但自律絕不是無條件的，是可以擺脫他律的，也許在少數道德精英或聖賢身上這種主體性和自律性表現的突出一些，但絕不是大多數人都只依賴自律而不需要他律。

讓我們來分析一下由孟子的「羞惡之心」能否生出「義」來？羞，指羞愧、羞恥、內疚；惡，指憎惡、嫌惡、討厭、不滿等等，首先我們認爲這種情感並不是人先天就有的，而恰恰是後天逐步形成的，而在孟子看來，這種羞惡之心產生了義。在我們看來這也恰恰是倒果爲因了，作爲一種心理情感，羞惡是人們違反義時所產生的諸如內疚、慚愧、羞恥、自責等情感活動，之所以能產生羞惡之心，還在於有一個普遍、客觀的社會客觀義理要求和評價標準，無他人和社會之褒貶評價，羞恥、厭惡之心何來？羞惡之心正是在社

會生活中，由於是否遵守踐履社會客觀的義理要求而受到不同的褒貶，逐步形成了這種義理的自覺而產生的一種心理情感，充其量，這種羞惡之心只能強化義理的自覺和實踐的自覺性、主動性而已，而絕不可能是這種先天具有的羞惡之心產生了義。

儒家思孟學派的道德人性根源說是其心性論、德性論、人格論、境界論、精英論和內聖外王道德思維方式的理論基礎，這種學說不僅在理論上是不盡完善的，而且作為歷史上的一種影響深遠的正統理論，對中國傳統道德發生了重要的影響。道德是「道」與「德」的統一，而這種心性論和德性論在某種意義上是只重德而輕道的，甚至是以德化解了道，注重了道德的主體德性，忽略了道德的社會性、普遍性、客觀性的一面，之所以有這樣的理論偏頗，是因為「儒家倫理的精英定位」〔註5〕其道德的設計和適用人群主要是「士」以上階層，這種精英定位決定了儒家倫理學說主要是關於如何培養與實現理想人格的，以及其向社會國家的轉化，這種倫理模式也就是所謂的「內聖外王」。這種道義論、心性論的道德理想主義確實是比較缺乏大眾性和普遍性，因此，正如馬克斯·韋伯所說：「這個士大夫階層……是一個同一切純粹市民階級的人割裂開來的等級」，「這樣的知識分子倫理，對於廣大群眾的意義必然是有限的」。〔註6〕

在現代這個價值多元化的時代，現代道德主要是一種普遍性的規範倫理，強調一種規範的普世性、底線性，而不是希聖成賢，在現代社會，國家社會只能要求其公民做到基本的旨在維持社會生活秩序的基本道德，而把追求希聖成賢的高標準道德的自由選擇權讓渡給民眾自己，這是一種民主和進步，而不是要求所有的人必須要成聖成賢，像儒家道德所講的「人皆可以成堯舜」，「塗之人可以成禹」，因此，我們如果在現代道德思維和建設中長期堅持這種精英高標倫理的思維方法，這只能是一種道德理想主義的囈語，實際上對現代道德建設無所助益。在現代道德建設中，不僅要重視內聖的心性論道路，而且要非常重視規範論的外治路線。不僅注重內在的仁的主體精神，而且要注重義的客觀倫理精神。

第二，仁義的門內門外之辨要求我們正確認識傳統家族社會與現代公民

〔註5〕吾淳著：《中國社會的倫理生活──主要關於儒家倫理可能性問題的研究》，中華書局2007年12月版，第78～80頁。

〔註6〕（德）馬克斯·韋伯：《儒教與道教》，257，259頁。

社會道德精神的差異。儒家道德不僅是一種精英倫理，而且是一種家族倫理，這是由傳統中國社會本身是一個家族社會或家國同構的社會所決定的。因此，治國平天下不僅是以修身為基礎的，而且政治與社會道德精神也是以家族道德精神為基礎的，就如君臣關係是以父子關係的精神實質而展開的，忠是以孝為基礎的，但同時，家與國、與社會畢竟是不同的社會共同體，因此，自然有其內在的不同道德要求，這也許就是歷史上常有忠孝不能相全的矛盾。那麼，在仁與義的關係上，儒家和別的思想家的「仁內義外說」認識到了這種差異和適用範圍的不同，這是非常合理的認識。仁，是愛，是情，是恩，「孝為仁之本」，仁本身就是從孝親這種家族親親情感中擴展出來的，因此，在家族內自然要以孝、愛、情、恩為道德的價值基礎和調節原則，但家族外則是有社會公義的，有等級尊卑秩序的，有制度國法的，因此，必須以義來處理這種政治與社會關係。

　　從仁義之門內門外之辨中，我們可以看到，家族道德與社會政治道德是有區別的，家族道德比較重視親人之間的情感紐帶，而國家政治與社會道德則比較注重社會關係的客觀義理，正因為如此，它們各自有其不同的適用範圍，認識到這一點，要求我們要充分認識到傳統道德思維的泛家族主義的影響，雖然在這個問題上思想家們認識到了仁與義有門內門外運用範圍的不同，但儒學的內聖外王的基本思路仍然是認為治國平天下要以齊家為基礎，也就是政治與社會道德要以家族道德為基礎，最終還要歸結為「修身」的心性論路線上來。傳統社會，不可否認，家族在社會生活中的地位比較重要，但現代社會，社會生活日益豐富多樣化，家庭家族的地位與作用已經沒有傳統社會那樣重要，但是我們長期以來，在道德建設中不僅是堅持修身為本的心性論路線，而且還有把社會關係泛家族化的傾向或者說長期受到家族主義的影響。似乎社會的倫理情感和責任只能從家族精神中推演出來，我們要把軍隊對國家忠誠，化解為子弟兵對家族的情感，把公民對國家的愛和責任，化為兒子對母親的情感。把對職業和上司的忠誠化為一種家族式的對家長的孝忠，甚至還要把由陌生人組成的現代社區的地緣關係熟人化、親情化，這些泛家族主義的道德思考方式實際上還隱性的存在於我們的道德思維中。

　　中國傳統社會是一個熟人社會，而非陌生人社會，家庭社會僅積累了處理熟人社會的道德經驗，從家族親情中提升出來的仁愛感情，必然具有某種程度的私人性、特殊性，仁是二人對偶關係，仁是一種愛的情感，因此，仁

的感情所投向的對象必然是一個主體熟悉的甚至是有密切關係的人，試想，人與人之間如果不認識甚至沒有多少交往，如何能產生一種積極的相親相愛的感情呢？這恐怕只有聖徒才會有一種基於超越精神的泛愛，而對於常人則不會產生這種「無緣無故的愛」。但基於人的社會理性和道德理性，基於人天生平等的意識，卻可能會尊重每一個和自己平等的人，這恰恰就是義。而且仁不僅是一種愛的感情，而且還是一種有等差區別的道德理性，因此，對不同對象的人所施予的愛的程度也是不同的，這必然使仁具有某種私人性和特殊性，比如在傳統倫理中，愛妻子就不能勝過愛父母等。儒學希望人們把這種私人性、特殊性的愛擴充開來，這本身就包含著矛盾，將其擴充到周愛或泛愛而不是等差之愛，這恰恰是孟子斥責墨家的「無君無父」，是禽獸之行。可見僅靠這種親情性、情感性、私人性、特殊性的道德情感是難以因應現代道德的理性、普世性、客觀性、平等性等價值要求的。

而「義」理，本身具有某種普遍性和客觀性，它在傳統社會中雖然仍然主要是處理熟人關係的，但其超越於宗法制度的天下公義的思想本身就具有普遍性和社會性，因此，這種普遍性和社會性特點更能因應現代社會多元化、普遍化的特點，因此，在現代道德建設中應該不僅從道德主體身上開掘仁的道德情感，而且要充分發揮義對社會生活的整合作用。告子所說的思想是多麼合理呀，如果是愛，我可能會愛我的兄弟，但我不會愛秦國人的兄弟，而作為尊敬，我卻可以不僅尊敬我的兄弟，而且可以尊敬秦人的兄弟，現代道德正是需要這種超越親情和熟人社會的普遍道德理性。現代中國的道德建設為什麼搞不好，連最基本的社會公德都建設不好，就是因為中國人受到這種傳統社會熟人道德的影響太深，在熟人社會儼然都是「君子」，而在陌生人社會就都成為了「小人」，我們傳統思想中缺乏處理陌生人關係的倫理文化設計，這正是臺灣某些學者提出要在傳統「五倫」基礎上建立「第六倫」即陌生人社會的倫理要求。而傳統的熟人社會倫理就是從這種泛家族精神中演化出來的，現代社會是一個陌生社會，陌生人關係的處理，不能或者主要不能以仁和愛的精神來調節，而是要以遵循客觀普遍的理性精神即義和敬。

第三，仁義的人我內外之辨要求我們正確認識仁義兩種道德發揮作用的不同特點。

道德本身就是主體性與規範性的統一，激勵與約束的統一，對人和對己的統一。道德一方面是對他人施愛有利的「有所為」的愛心善行，這確實也

是道德的主體精神淵源，這種愛心善行必然是施於人而非對己的，是主張愛人利人而非自愛自利的，這種主動的愛利他人的思想與行為必將提升人的道德覺悟和境界，促進社會和人際的親善與和諧，實現人的道德自我完善，因此，每一個道德主體要成為一個道德高尚的君子就必須時刻提醒自己施仁愛於他人，多行好事，積善行德。但道德不僅是「德」而且是「道」，道德的目的不僅要實現人的自我道德完善，而且要實現社會完善與和諧。社會生活必然需要維護一定的社會秩序和公平正義，人與人之間，人與群體之間、群體之間必然要有交往相待之「道」即規律、規矩與規範，這就是客觀的「義理」，對人來說就是某種約制性的「有所守」的義務要求。而這種社會之「道」「義」是社會生活的客觀需要，對於個人來說，這種社會客觀道德或者說「義」，其主要作用就在於「正我」，而非「正人」，也就是說，我們每個社會成員應該用這些社會的義理道德來約束我們的言行，這樣，才會保障社會生活秩序，維持社會和諧。其實，道德就是有所倡導和有所禁止、有所為和有所守的完整統一，不僅道德的內在構成是這樣的，而且，其發揮作用的功能也是這樣的。因此，我們在道德建設中應該注意這兩種道德精神的源頭「仁」和「義」發生作用機制的不同，善於區分這兩種道德不同的精神實質和發揮作用的特點，必將有助於推動道德建設。

第四，仁義內外之辨還要求我們在現代道德建設中要重視「仁」與「義」兩種不同道德精神的資源意義，調整道德思維和道德建設的思路和方法。

中國傳統的道德思維按照正統儒家思想都是循著內聖外王的路線，因此，特別強調仁義的內在性，甚至長期把仁作為全部道德的起點，認為人的其它道德情感和道德行為都可以從仁心中推擴出來，認為只要有人心中的愛就會解決一切社會道德問題，把社會道德歸因為個體道德，這種道德思維方式從今天的觀點看，是有很大缺陷的。是一種一廂情願的具有空想性質的道德理想主義，如人可能會愛自己的親人，但對外人就未必能去愛，即使可能愛也不等於必然愛。這恰恰是儒家內聖心性論道德思維所沒有想到的。今天我們要非常重視「義」作為一種客觀倫理精神和社會倫理精神源頭的重要意義。

中國傳統道德以仁為核心和起點，中國傳統的公觀念倡導「以天下為己任」，這種抽象的普遍的道德呼籲雖然其精神是可貴的，但卻不具有操作性，雖然在生活中也不乏一些道德先進分子身上體現出諸多積極性的道德行為，但

對於大多數國民來說，我們最缺乏的就是對消極性公德規範的遵守。在現代社會，「公德最核心的內涵就是，公民在日常生活中應該避免損害公眾的集體利益以及其他個別社會成員的權益，公德是一種不作為性、消極性、有所守的行為，它要求人們不要為自己的利益或方便而傷害陌生人與社會。」〔註 7〕在傳統中國社會，「五倫」均是熟人關係，而現代社會公德主要是要處理陌生人之間的關係，儒家道德的宗法家族性、等差性等精神都使我們在現代社會缺乏處理公共關係的文化資源。那種以仁愛之心為起點，以天下為公為終極目標的道德號召是傳統社會道德精英文化的產物，而在現代社會，社會普遍的日常公共生活要求每一個公民首先要做到「有所守」的消極公德，這樣才能成為一個能過上現代公共生活的合格公民，才會維護社會生活的基本秩序。從中西比較的角度看，外國人對當代中國人公德素質的反映，並非是認為中國人沒有愛心，活雷鋒少，而是認為大聲喧嘩甚至吵鬧，隨地吐痰甚至大小便，沒有一點排隊意識，上下火車、飛機時的前擁後擠，這些才是當代中國人公德意識缺乏的主要表現，而這些恰恰是有所守的消極性公德素質。

現代社會道德的精神根源和價值基礎為何？以儒家內聖外王的思維，似乎一切有益於他人和社會的行為都是從仁愛之心中開出的，中國社會有一個重要的意念，就是價值的最終來源是人心，人的主觀善意。這個意念歷史最久，地位最關鍵的，就是儒家思想中的「仁」。從先秦開始，儒家就有以「仁愛」為一切善的本源的思想，在後世，這個信念不但繼續存在於儒家內部，也廣為中國社會所接受。這個傳統代表的是一個注重心理狀態的倫理觀，影響所及，一些具有客觀意涵的道德概念，譬如「理」、「義」，在漢人文化中也都高度內化了。不可否認，「愛」是任何公民倫理體系所不可或缺的精神價值和淵藪，愛能促成社會合作、互助，愛能促人積極參與群體生活，可是，群體生活非常複雜，顯然需要其他的價值。除了「愛」，諸如理性、自制、禮貌、容忍、守法、誠實、知識、公平、正義、效益都不可少。整體來說，群體生活中的價值應該多元而均衡。價值過於集中，容易導致重大的缺陷。「愛」基本上是主觀的，社會的規模很大，成員多為互不瞭解的陌生人，穩定的生活秩序的形成，必須依靠合理行為法則（法律、風俗習慣）的建立和遵行。即使從感情的角度看，「愛」也不見得是公民倫理所最需要的情操，也許「尊重他人」即「敬」與公民倫理的關係更為密切。「愛」和「尊重」的性質相當不

〔註 7〕陳弱水著：《公共意識與中國文化》，新星出版社，2006 年 3 月版，第 32 頁。

同。「尊重」比較容易發展成善待他人習慣，不同於「愛」，「尊重」最能在「有所守」的消極社會公德方面發揮作用，而愛在這方面似乎難以充分發揮作用。大概所謂守法、守秩序、守規矩的所謂消極性社會公德多是以尊重為心理基礎，根本無須動用到愛心：如開車讓行人、少製造噪音，於「愛」有何關係？尊重他人倒可能是必要的心理狀態。而且如前所說，現代社會道德主要是處理陌生人之間的關係，對於陌生人都不認識何談愛呢？實際上只要做到尊重不僅是重要的而且也是可行的。

在現代道德建設中，不僅要重視「仁」的積極性、主體性、動力性道德資源，而且要注重「義」的客觀性、普遍性、約制性精神資源，這樣的道德思維方式和道德建設起點才會保證我國社會道德建設取得進步與發展。

（原載《齊魯學刊》2009 年第 3 期）

儒家德性傳統與現代公共道德的殊異與融合

在當代中國社會的倫理建設中，如何看待和處理儒家傳統倫理與源自西方的現代公共倫理的關係，具有重要的現實意義。它關係到我們在道德建設中如何與傳統美德相承接，關係到我國的道德文明建設與公民日常道德實踐。

我們應該看到，儒家傳統倫理與現代公共倫理之間首先是一種傳統與現代的歷時性關係。儒家倫理畢竟是產生於中國古代社會的倫理傳統，它有可能經過創造性的轉化與現代道德產生共時性的對接，因爲它畢竟是中國的傳統，傳統之所以能夠成爲傳統，就在於它是活在今天的過去，今天的中國是從傳統的中國走來的。但是，要實現儒家傳統倫理與現代公共倫理的融合，需要首先搞清楚這兩種道德之間的歷時性區別，然後在此基礎上深入研究二者如何在現代社會條件下實現超越性的轉化與融合。

一、儒家傳統倫理與現代公共倫理的殊異

以儒家倫理爲代表的中國傳統倫理與以西方自由主義倫理精神爲代表的現代公共倫理之間的區別，主要體現在以下幾個方面：

（一）儒家傳統倫理重私德，現代公共倫理重公德

中國傳統社會是一個家族本位、家國一體的社會，私人生活與交往相對發達，人們主要生活在家庭與家族的私人交往圈子裏，出了家門就進了國門，而普通老百姓是很少有機會參與政治生活的。介於家庭與國家之間的公共領

域非常不發達，更沒有每個個體基於法律平權基礎上的公共交往，最多就是鄉里鄰里、親戚朋友之間的交往，而這種交往仍然是熟人之間的私人交往。在這樣的社會裏產生的道德肯定是私人道德發達、社會公德欠缺。道德是由社會生活條件決定的，無公共交往的社會基礎，自然就難以產生社會公德的思想。在中國傳統社會，公與私的對立只是一種價值觀意義上的觀念，而很少有明確的實體性、場域性的區隔。對公領域的理解主要局限在「朝廷」、「政府」的意義上，鮮有西方式的所謂公共的即是與全體人民有聯繫的領域和事物的意識。總之，公共領域不發達必然造成中國傳統社會公德不發達。

因此，不可否認，中國傳統社會確實是重私德的。所謂儒家的內聖外王，所謂「自天子以至於庶人，壹是皆以修身為本」，其實都是強調私德的重要性。儒學的重要思維方式是推擴機制，以己為圓點推己及人。因此，以現代倫理學的美德倫理學和規範倫理學的分析思路與方法來看，中國儒家倫理雖然具有二者的合題意，但在本質上應該屬於美德倫理。而現代社會生活在很大程度上都是公共性的，從人們的衣食住行各個方面都表現出這一點，人們的交往場所和交往方式都具有很強的公共性。因此，社會生活的演變使人們尊重道德的維護公共生活與交往基本秩序的功能，而較少關注個體是否具有高尚的品質。某些現代倫理學理論認為，這正是民主社會的特質，把成聖成賢的權利交給每個公民自己去選擇，而不再做高標準的道德強制。

李澤厚先生直接以所謂的「宗教性道德」與「社會性道德」來論證傳統儒家德性倫理與現代公共規範倫理之間的區別。他說：「所謂『社會性道德』，即梁啟超在二十世紀初提出的『公德』，它建立在現代法治之上（或現代法治以它為基礎），是現代生活所賴以維持的共同原則、規範、秩序、價值觀念和行為方式，它就是前面講到的自由、平等、人權、民主等等……他律性很強，是規範倫理……『宗教性道德』即梁啟超所謂的『私德』，在中國，這也就是傳統儒學所宣講的那一大套。它以情義為重，與信仰攸關，關乎個體的終極關懷或安身立命……它不是規範倫理，而是自律性極強的美德倫理，追尋的是『善』。」〔註 1〕李澤厚先生在這裡清楚地指出了傳統儒家倫理是一種私德性的美德倫理，而現代西方倫理則是一種具有公共普遍性的規範倫理。本文的概念和問題論域與這個界定是一致的。

〔註 1〕李澤厚著：《歷史本體論·己卯五說》，三聯書店，2008 年 6 月版，第 214 頁。

（二）儒家傳統倫理的調節範圍是熟人社會，而現代公共倫理則著力調整陌生人社會關係。

傳統社會由於私人生活與私人交往發達，因此，傳統倫理多是調節熟人之間的你與我的人際性關係。如傳統的「五倫」——父子、夫婦、兄弟、朋友、君臣，其中前三倫是家庭關係，後兩倫是社會關係和政治關係，都是熟人關係。而在現代社會公共生活中，主要是一種我與眾人、團體、社會之間的陌生人關係。顯然，傳統的「五倫」難以承擔起調節現代社會公共生活的職能。因此，早在 1981 年，我國臺灣學者李國鼎先生就提出了「第六倫」的觀念。「什麼是第六倫？第六倫就是個人與社會大眾的關係，也就是從前所說的群己關係。為什麼要倡立第六倫？主要原因就是『儘管我們是一個文明古國，禮儀之邦，一向重視倫理，然而我們對於個人與陌生社會大眾之間的關係，則缺乏適當的規範』。」〔註 2〕這種觀點為我們正確認識傳統倫理與現代公共倫理之間的關係提供了有益的啟示。這種觀點認為，傳統的「五倫」是特殊主義的，「第六倫」則是普遍主義的，「五倫」屬於私德，「第六倫」則屬於公德。以「五倫」為特色的人際關係所表現出的特點是親切、關懷，缺點是偏私、髒亂；以「第六倫」為特色的人際關係的優點是公正、秩序，缺點則是冷淡、疏遠。倡立「第六倫」的目的：不是要使人成為聖賢，只是要求人人守本分；不是要求犧牲自身的利益，只是要求不侵犯他人的利益，不論他人是和我們有特殊關係的對象，抑或是陌生的社會大眾。在現代生活中，「第六倫」要求人們：第一，對公共財物應節儉廉潔，以消除浪費與貪污；第二，對公共環境應維護，以消除污染；第三，對公共秩序應遵守，以消除髒亂；第四，對不確定的第三者之權益，亦應善加維護和尊重；第五，對素昧平生的陌生人，亦應給予公正的機會，而不是加以歧視。

我國臺灣社會與學術界關於「第六倫」新道德的討論對於我們正確認識和處理儒家傳統倫理與現代公共倫理的關係是非常有啟發性的：第一，傳統社會的私人間的「五倫」私人道德無法適應現代陌生人社會公共生活的需要，必須建立發展「第六倫」的陌生人之間的現代新道德。第二，這種新觀念是對華人社會道德現實的精確觀察分析。從現實生活中我們也可經常觀察到，許多中國人在現代生活中，在處理熟人與陌生人之間關係時判若兩人。這種

〔註 2〕韋政通著：《倫理思想的突破》，中國人民大學出版社，2005 年 9 月版，第 183頁。

對待熟人與陌生人的兩種截然不同的態度體現出私德與公德的對立。第三，這種討論揭示了「五倫」與「第六倫」的優劣長短，也提出了對待公共財物、環境、秩序、不確定的第三者及素昧平生的陌生人的倫理態度。這恰恰是現代公共倫理的訴求，也是儒家傳統倫理所缺乏的。

（三）儒家傳統倫理是一種基於人性自我完善的、高標準的聖賢道德，而現代公共倫理則是一種旨在調整人際關係、維護社會秩序的普遍性的基本道德規範。

儒家傳統倫理確實有著比較高的道德要求，要求人們見賢思齊、成聖成賢，道德有上求於天、聖的宗教性，這是建立在對「人人皆可以成堯舜」、人性本善的人性自覺和道德自信基礎上的。有的學者說這是由於傳統社會的封閉性、精英思維所造成的。這可能有其道理，但以此來否認傳統道德的這種高尚性追求則是筆者不敢苟同的，因為道德在社會生活中的作用不同於法律，它不僅是為了維護一定的社會秩序，而且也是為了人的自我完善，只有具有更多的好人甚至是君子聖賢，才會有一個良序社會。關於傳統社會的高標準道德與現代社會的普遍性的基本道德準則的區別，李澤厚先生用「兩種道德」理論來加以解釋：「絕對主義倫理學，也就是我所謂的『宗教性的道德』，它把個人的『靈魂拯救』、『安身立命』即人生意義、個體價值均放置在這個絕對律令之下，取得安息、安頓、依存、寄託。」「它常常顯示出人的崇高、尊嚴，顯示出人之不同於動物，不同於僅滿足感性快樂、世俗幸福之中的人的『真正的』主體所在。」〔註3〕李澤厚先生用「宗教性道德」的概念恰當地概括解釋了儒家傳統倫理的純潔性和崇高性。顯然，在現代社會，這種高標準的儒家聖賢或君子倫理仍然有其提升人性、完善社會的作用。按儒家禮源於俗的解釋，儒家的這種宗教性道德並不是從天上掉下來的，而是從世俗的社會性道德中產生的，在中國，宗教性道德與社會性道德始終沒有真正分開。「這種『宗教性道德』實際上只是在儒家『獨善其身』基礎上加以某種或神秘或超驗的解說而已。」〔註4〕李澤厚先生認為，所謂現代社會性道德，是建立在現代化的工具——社會本體之上的，是以個人為基地、以契約為原則的。「所謂『現代社會性道德』，主要是指在社會的人際關係和人群交往中，個人

〔註3〕李澤厚著：《歷史本體論·己卯五說》，三聯書店，2008年6月版，第51～52頁。
〔註4〕李澤厚著：《歷史本體論·己卯五說》，三聯書店，2008年6月版，第58頁。

在行為活動中所應遵循的自覺原則和標準……它所處理的社會生活中的人的行為和道德特性，與現代法律、政治、經濟直接攸關。」〔註5〕李澤厚先生還敏銳地指出，現代社會性道德是以個體為單位、為主體、為基礎，是個體第一，群體（社會）第二，私利（個人權利）第一，公益第二。〔註6〕如何處理這兩種道德之間的關係？李澤厚先生提出的方案是「善惡與對錯分家」：人皆有之的「對錯」之心，與法律、政治相聯結，人皆有之的「善惡」之心，則與宗教、文化、傳統相聯結。也就是說，現代社會性道德主要解決的是對錯問題，而傳統的宗教性道德則主要解決善惡問題。自由主義和現代社會性道德所要求的只是個人履行在社會生活中的最低限度的義務，遵守最低限度的公共規範和準則，如履行契約、愛護公物、恪守秩序、遵循各種職業道德、服義務兵役、不侵犯他人等等，違反了它們，可以涉及也可以不涉及法律，但由於破壞了共同生活秩序，有損他人權益，因而是不道德的。這裡基本上是個「對錯」問題，而不是「善惡」問題。它著重處理的只涉及調整人們行為的客觀規則，而與個體的靈魂拯救、終極關懷、安身立命可以無關。李澤厚先生認為宗教性道德不要過分干預現代社會性道德，應允許個體有更多的自由選擇自己的宗教性道德。宗教性道德（私德）對社會性道德（公德）可以有範導而非建構的作用。

　　李澤厚先生的上述分析啓示我們，在現代道德建設中，既不能以聖賢道德取代現代普遍道德，也不能以後者取代前者，而要以傳統聖賢君子道德範導現代公民道德，以現代公民道德為傳統聖賢君子道德奠定現代社會的道德基礎。中國改革開放三十多年來，人們學習追隨西方，其實是把現代化當做了西方化，在思想文化領域，西方自由主義的思想與道德成為大多數學者的前提價值預設。如在我們當前討論的這個問題上，有學者提出，現代道德就是要實現道德法律化，遵守最基本的底線倫理就夠了，沒有必要提倡傳統的崇高的聖賢君子倫理，認為提倡高標準的道德就是對人的專制，是傳統封閉社會的產物。這種觀點從理論的科學性和實際效果來看顯然是有失公允的。道德作為一種價值觀念和規範，其社會作用恰恰是在引領、提升人性和社會風尚，而不僅僅是維護既有的現實秩序。道德如果都法律化了，那不就在某種意義上取消了道德嗎？這種底線倫理實際上是要求大家不要做壞人和小

〔註5〕李澤厚著：《歷史本體論・己卯五說》，三聯書店，2008年6月版，第60頁。
〔註6〕李澤厚著：《歷史本體論・己卯五說》，三聯書店，2008年6月版，第67頁。

人，而並不提倡大家做君子，更談不上聖賢了。因此，在當代中國的道德建設中，我們一定要把傳統精英道德的崇高性和現代公共倫理的普遍性結合起來，堅持道德建設的先進性與群眾性的統一。

（四）儒家傳統倫理堅持群體本位基礎上的義以為上。現代公共倫理則堅持個體本位基礎上的權利為先。

李澤厚先生指出：「現代社會性道德以理性的、有條件的、相互報償的個人權利為基礎，傳統的宗教性道德則經常以情感的、無條件的、非互相報償的責任義務為特徵。」〔註7〕自由主義的現代西方道德是以個人與個人權利作為基本的價值前提和訴求的。在自由主義看來，在個人與社會的關係中，每一個人都有獨立的價值，而且是不可替代的價值，個人並不依附於整體而存在，個人是自主自決的存在，是主體性的存在。這樣，社會就不是凌駕於個人之上的存在，而是作為具有同等價值、尊嚴和權利的個人出於自覺和自願結合起來的共同體而存在。每個人都是社會的主體，都具有不可替代的內在價值，都具有不得任意、非法剝奪的社會權利。社會應尊重個人的權利，維護每個人自我實現的同等權利。

在當代中國，由於西方文化的影響滲透，人們的權利意識有所增強，而義務意識似乎弱化了。在倫理學界，過去我們講道德義務的一個顯著特點是不以權利訴求作為前提，但受西方自由主義權利哲學的影響，有些學者認為道德義務和法律義務一樣，也要堅持權利與義務的統一，強調權利與義務相統一才是現代道德的基石和基本精神。在筆者看來，這種觀點實際上是把道德等同於法律，把思想等同於行為，把主體性的精神化約成一種客觀的規律，在某種意義上取消了道德作為一種主體精神力量的獨特作用。如果道德主體在履行義務時一開始就有權利訴求和功利盤算，實際上這種行為已經失去了道德價值，或者至少是降低了道德價值。陳來先生指出：「在倫理問題上，權利話語和權利思維是有局限的，是遠遠不夠的，權利中心的思維的泛化甚至是當今眾多問題的根源之一。權利話語又往往聯繫著個人主義。個人主義的權利優先態度，其基本假定是把個人權利放在第一位，認為個人權利必須優先於集體目標和社會共善。在這樣的立場上，個人的義務、責任、美德都很難建立起來。」「自由主義道德的中心原則是個人權利優先，人人有權根據自

〔註7〕李澤厚著：《歷史本體論・己卯五說》，三聯書店，2008年6月版，第74頁。

己的價值觀從事活動，認為用一種共同的善的觀念要求所有的公民，將違背基本的個人自由；而儒家和世界各大宗教倫理則都強調社會共同的善、社會責任、有益於公益的美德。『責任』與『權利』是兩種不同的倫理學語言，反映著兩種不同的倫理學立場，適用於不同的價值領域。」〔註8〕

西方自由主義信奉「天賦人權」，中國文化則主張「人賦己責」。西方文化以個體為實體、為本位，一個獨立的個體要與別人結成一種無血緣親情關係的、區域性的、政治性的、利益性的集團，就必須將個人的權利、義務講清楚，否則就無法過一種集團的生活。而中國人生活在一種以血緣親情為基礎的家族社會中，家是國的基礎，國是家的放大，政治是一種倫理的政治，人與人之間的血緣親情關係易於形成強調義務的觀念，父母、子女、夫妻間的相互義務觀念是最自然的義務觀念，而強調彼此間的權利則不那麼自然。儒家傳統倫理旨在強調人與人之間各自盡自己的義務，即所謂「仁以愛人，義以正己」，也就是說，要用惻隱、同情、親愛之心去愛別人，用責任、義務來要求自己。傳統中國人最基本的人倫義務就是在家孝親、在朝忠君。中國文化強調士人、君子要以天下為己任，關懷民眾疾苦、實現社會公義。為天下人謀求利益和福祉，這被傳統士人看做是自己最大的倫理義務和責任。不僅一些統治階級的人物和士大夫以天下蒼生為念，把利濟蒼生看做是社會之正義，而且許多有俠義精神的人也是仗義疏財、周窮濟困、「替天行道」，把這看做是一個有道德的人之所當為，也是天下之公義。

總之，儒家傳統倫理的核心和特點就是強調義務本位，義務相較於權利是第一性的，人們應該努力先盡義務再說權利，君子是只講義而不言利和權的。所謂「人賦己責」，是指人的責任是客觀的人倫關係所賦予的，作為人倫關係中的一員，人應該自覺地履行自己的義務。這種義務本位的思想，其內核就是強調個人應把對社會、國家、家族、他人的奉獻當做人生價值的基本追求。

（五）儒家傳統倫理以仁之愛人情感為基礎，現代公共倫理則以義之合宜尊重的理性為根本。

儒家傳統倫理的首要德目或全德之名是仁，仁是仁者愛人的道德情感，是愛他人而非愛自己，是用忠恕之道以己之心度人之心，克己復禮，以他人

〔註8〕陳來著：《孔夫子與現代世界》，北京大學出版社，2011年月版，第18頁。

為重，博施濟眾。這種倫理是一種情本體的，固然它也有理性的因素，但在本質上是情感主義的、特殊主義的，因為仁就是二人關係，這種二人關係肯定是直接交往的、親近的熟人關係，要麼是家庭親族，要麼是親戚朋友，要麼是上下君臣。這種熟人關係容易形成彼此之間的情感關係，尤其是在家族家庭間，由於人們有天然的血緣關係，更容易形成重情不重理的關係。這種建立在熟人、情感紐帶基礎上的人倫關係，要求人們彼此以對方為重（梁漱溟語），履行愛的積極義務，並把這種對親人的愛與責任向全社會推擴。仁本身就是由愛親的孝所擴充出來的，一個仁人又要推己以愛人愛百姓，甚至要「民吾同胞、物吾與也」，要把這種愛不僅擴充到民，而且要擴充到天地萬物。這就是儒家倫理的基本思路。

其實，在儒家思想中，除了仁這種情本體的愛的積極義務訴求外，還有另一個方向的道德精神訴求，這就是強調義和禮的理性主義的合宜、節制思想。這也就是說，儒家傳統倫理是仁與義的統一，仁與義體現著情與理兩種不同質的倫理精神。但在長期的儒學發展中，孟子通過與告子的仁義內外之辨，提出了仁義皆內的觀點，實際上起到了化義為仁、消解義的客觀理性倫理精神的作用。

如前所述，傳統社會是一個家族社會、熟人社會，因此，依靠以情感為本的仁之愛人積極義務就可以在很大程度上滿足傳統社會的道德需要，解決當時的道德問題。在現代公民社會、陌生人社會，雖然仍不可缺少這種仁愛積極義務的推擴，但更需要義的合宜節制的理性倫理精神。仁是愛、是情、是恩，「孝為仁之本」，仁本身就是從孝親這種家族親親情感中擴展出來的，在家族內自然要以孝、愛、情、恩為道德的價值基礎和調節原則。在家族外則是有社會公義的，有等級尊卑秩序的，有制度國法的，因此，必須以義來處理這種政治與社會關係。家族倫理與社會政治倫理是有區別的：家族倫理比較重視親人之間的情感紐帶，而國家政治與社會倫理則比較注重社會關係的客觀義理，正因為如此，它們各自有其不同的適用範圍。中國傳統社會是一個熟人社會而非陌生人社會，家族社會僅積累了處理熟人社會的道德經驗，從家族親情中提升出來的仁愛感情，必然具有某種程度的私人性、特殊性。但基於人的社會理性和道德理性，基於人天生平等的意識，卻可能會尊重每一個和自己平等的人，這恰恰就是義。僅靠情感性、私人性、特殊性的道德情感是難以因應現代社會的理性、普世性、客觀性、平等性等價值要求

的。

義理本身具有某種普遍性和客觀性，它在傳統社會中雖然仍然主要是處理熟人關係的，但其超越於宗法制度的天下公義的思想本身就具有普遍性和社會性，這種普遍性和社會性更能因應現代社會多元化、普遍化的特點，因此，在現代道德建設中，不僅應該從道德主體身上開掘仁的道德情感，而且要充分發揮義對社會生活的整合作用。現代道德正是需要這種超越親情和熟人社會的普遍道德理性。道德的目的不僅要實現人的自我道德完善，而且要實現社會的完善與和諧。社會生活必然需要維護一定的社會秩序和公平正義，人與人之間、人與群體之間、群體與群體之間必然要有交往相待之「道」，即規律、規矩與規範，這就是客觀的義理，對人來說就是某種約制性的「有所守」的義務要求。這種社會之道、義是社會生活的客觀需要。對於個人來說，這種社會客觀道德或者說義，其主要作用就在於「正我」，而非「正人」。也就是說，我們每個社會成員都應該用這些社會的義理道德來約束自己的言行，這樣，才能保障社會生活秩序，維持社會和諧。其實，道德就是有所倡導和有所禁止、有所為和有所守的完整統一，不僅道德的內在構成如此，而且其發揮作用的功能也是如此。

儒家傳統倫理以仁為核心和起點，中國傳統的公觀念倡導「以天下為己任」，這種抽象的、普遍的道德呼籲雖然其精神是可貴的，但可操作性較弱。在現代社會，對於大多數公民來說，最缺乏的就是對消極性公德規範的遵守。那種以仁愛之心為起點、以天下為公為終極目標的道德號召是傳統社會道德精英文化的產物。在現代社會，社會普遍的日常公共生活要求每一個公民首先要俯視道德底線，做到「有所守」的消極公德，成為遵守現代公共生活秩序的合格公民，然後才能仰望道德楷模，成聖成賢。

二、儒家傳統倫理與現代公共倫理的融合

是否能以個人品質的內聖開出政治清明善治的王天下的外王，對這種倫理政治或儒學傳統命題，仁智互見，筆者不敢妄下斷言。但能否從傳統的、精英性的、宗教性的、內聖的、德性的私德，運用儒家的推擴機制開出現代社會普遍的、廣泛的、世俗的、大眾的現代社會公德，筆者認為是有可能的。因為人的道德生活是有內在一致性的，按照現代美德倫理學的理論，德性之所以能夠成為規範的基礎，就在於它維護了人性和人格的完整性，一個有完

善人格和美好品質的人會在任何情景下作出正確的道德選擇，會把私人生活中的優良品質推擴到公共生活中。與此同時，我們也要看到，這種推擴並不是自然而然就發生的，還要與現代社會生活實際和現代公共倫理精神相融合。

如何實現儒家傳統倫理與現代公共倫理的對接或結合？筆者認為需要從以下幾個方面入手：

第一，不斷對社會成員進行傳統聖賢君子美德倫理的教育，提升中華民族的道德素質，以此範導提升現代公共倫理。堅持以傳統聖賢君子美德倫理的崇高性引導人們實現道德的自我完善，堅持義以為上的價值觀甚至是「為義務而義務」的道德崇高性，堅持與人為善、以他人為重，以仁孝之心來善待我們的親人並將之擴充到全社會。讓世界充滿愛雖然是不能完全實現的理想，但應心嚮往之並不斷追求。在中國由傳統社會向現代社會的轉型過程中，我們絕不能丟棄本民族的優良道德傳統，要用儒家傳統倫理範導、提升現代公共倫理，並指導民眾的日常行為實踐。

第二，不斷進行現代公共倫理精神教育，提高公民的規則意識和守德守法意識，維護社會基本倫理秩序。中國社會在從傳統走向現代的過程中，不可避免地要向西方學習，因為世界是開放的、一體的，簡單拒斥西方的思想觀念和倫理道德也是不現實的。另外，現代社會較之傳統社會確實有其不同的特點，如開放性、世俗性等等，因此，我們也要以分析批判的態度對待日益浸入的西方道德觀念，只要是合理的、有助於現代社會生活秩序建立的觀念和規範，我們都必須予以消化吸收。

第三，將儒家傳統倫理精神與現代公共倫理精神相結合，將中華民族傳統道德與現代西方道德精神相融合，建設現代社會新道德，以適應現代社會生活的需要，完善人性，完善社會。如何實現這樣的融合？這是一個較為複雜的問題，限於篇幅，本文難以盡述。

綜上所述，筆者認為，當代中國社會的道德應是努力實現這種傳統倫理與現代倫理、中國道德與西方道德的結合：私德與公德相結合；處理熟人關係的傳統「五倫」道德與處理現代陌生人關係的「第六倫」道德相統一；努力實現傳統聖賢君子崇高道德與現代社會公民基本道德即先進性與群眾性道德的統一；堅持群體本位的義以為上和堅持個人本位的權利為本的統一；堅持仁愛積極義務與義之合宜節制的理性倫理精神的統一。有人可能要問，上述所說的價值傾向是完全相反的，能否真正地實現結合和統一？筆者的回答

是：生活本身就充滿著矛盾，我們只能用體現人的道德智慧的「度」和「中道」、「中庸」在實踐中逐步實現這樣的結合與統一，這也許是中國當代社會道德建設的一種可能的道路。

（原載《中國人民大學學報》2013 年第 1 期）